Das Haus der Hölle

Die wahre Geschichte von Gertrude Baniszewski: Eine der berüchtigtsten Folter-Mütter Amerikas

True Crime Explicit Band 5

(Zweite Auflage)

Genoveva Ortiz, True Crime Seven

TRUE CRIME 7

Copyright © 2024 by Sea Vision Publishing, LLC

Alle Rechte vorbehalten.

Kein Teil dieser Publikation darf ohne vorherige schriftliche Genehmigung des Herausgebers in irgendeiner Form oder durch irgendwelche Mittel reproduziert, verbreitet oder übertragen werden, sei es durch Fotokopieren, Aufzeichnen, elektronische oder mechanische Verfahren, mit Ausnahme kurzer Zitate in kritischen Rezensionen und bestimmten anderen nicht-kommerziellen Nutzungen, die durch das Urheberrecht gestattet sind.

Die Zusammenstellung dieses Materials basiert auf umfangreichen Recherchen aus verschiedenen Quellen. Der Autor und der Herausgeber sind stets bemüht, die Informationen nach bestem Wissen und Gewissen auf dem aktuellsten Stand zu halten; die hierin enthaltenen Materialien sind sachlich korrekt. Weder der Herausgeber noch der Autor übernehmen die Verantwortung für etwaige Ungenauigkeiten. Diese Publikation dient ausschließlich Informationszwecken und ist nicht dazu bestimmt, beteiligte Personen zu schädigen oder zu diffamieren.

ISBN: 9798345628669

Inhalt

Einleitung *11*

I Die Außenseiterin *14*

II Eine Unglückliche Verbindung *19*

III Pech in der Liebe *24*

IV Der Zornige Junge Liebhaber *29*

V Zwei Aufsässige Mädchen *34*

VI Der Beginn der Schlechten Zeiten *42*

VII Eine Eifersüchtige Wut *50*

VIII Zurück Zur Schule *56*

IX Die Anführerin *66*

X Ein Faden der Hoffnung *78*

XI Weitere Verpasste Gelegenheiten *90*

XII Der Keller *98*

XIII Die Tätowierung 111

XIV Das Ende Naht 123

XV Eine Schockierende Szene 136

XVI Die Wahrheit kommt ans Licht 149

XVII Schwere Herzen 156

Schlussfolgerung 171

Über True Crime Seven Books 181

Entdecke die Geschichten der
Mörderischen Geister

Anmerkung

Von True Crime Seven

Hallo!

Vielen Dank, dass Sie sich für unser Buch entschieden haben! Bevor Sie Ihre Erkundung in die dunkle Welt der Mörder fortsetzen, möchten wir einen kurzen Moment nehmen, um den Stil unserer Bücher zu erklären.

Unser Ziel ist es, die Geschichten verschiedener Mörder auf der Welt einfach zu erkunden und zu erzählen: von unbekannten Mördern bis hin zu berüchtigten Serienmördern. Unsere Bücher sind bewusst kurz und inklusiv gestaltet; wir möchten eine wahre Geschichte erzählen, die jeder lesen kann, unabhängig von seinem Leseniveau. Deshalb werden Sie in unseren Büchern nicht allzu viele ausgefallene Wörter oder komplizierte Satzstrukturen finden.

Im Gegensatz zum typischen nüchternen Stil von True-Crime-Büchern versuchen wir, unsere Erzählungen leicht verständlich zu halten und dabei Elemente des fiktionalen Erzählens einzubauen. Was das Recherchematerial betrifft, so finden wir uns oft mit zu wenig oder zu viel Material wieder. Daher bemühen wir uns stets, das einzubauen, was zur Weiterentwicklung der Geschichte beiträgt.

Wir möchten darauf hinweisen, dass True Crime, ähnlich wie Geschichte, ein Thema ist, das oft unterschiedlich interpretiert werden kann. Je nach Thema und Ihrer persönlichen Prägung stimmen Sie möglicherweise der Darstellung unserer Autoren zu oder auch nicht. Wir verstehen, dass Meinungsverschiedenheiten unvermeidlich sind. Deshalb haben wir diese Anmerkung hinzugefügt, damit Sie hoffentlich unsere Position und unser Ziel besser verstehen können.

Zu guter Letzt: True Crime Seven arbeitet mit vielen Autoren zusammen, und jeder hat seinen eigenen Erzählstil. Wenn Ihnen ein bestimmter Stil besonders zusagt, können Sie im Abschnitt "Über True Crime Seven Books" in diesem Buch mehr über die Autoren erfahren und weitere ihrer Werke entdecken.

Und nun, ohne weitere Umschweife, lasst uns die Erkundung des Dunklen beginnen!

Einleitung

SELBST HEUTE, SO VIELE JAHRZEHNTE SPÄTER, fällt es uns schwer zu begreifen, warum die Nazis taten, was sie taten. Die Verteidigung, die sie in Nürnberg vorbrachten, ist in ihrer Einfachheit geradezu verblüffend: „Wir haben nur Befehle befolgt."

Waren Millionen von Deutschen kollektiv verrückt geworden? Wie sonst konnten so viele den Befehl akzeptieren, diese Gräueltaten auszuführen?

Die Wahrheit ist leider, dass sanftmütige, normale Menschen die besten Nazis abgaben. Sie gehorchten allen Gesetzen. Sie hinterfragten keine Autorität. Sie wollten kein Aufsehen erregen, um ja nicht die Aufmerksamkeit auf sich zu ziehen. Nachdem der

Erste Weltkrieg so viele Familien in eine verzweifelte Lage gebracht hatte, muss es seltsam erleichternd gewesen sein, einen gemeinsamen Feind zu haben, dem sie ihre Probleme anlasten konnten. Vielleicht bot der staatlich geförderte Antisemitismus ein akzeptables Ventil für die dunkleren Triebe, die einige von ihnen möglicherweise hegten. Es half sicherlich, dass Juden bereits seit Jahrhunderten ein beliebter Sündenbock für gesellschaftliche Übel waren und immer wieder verfolgt wurden.

Zwanzig Jahre nach der Niederlage der Nazis spielte sich eine ähnliche Dynamik kleineren Ausmaßes im Keller eines Hauses in Indiana ab. Wir sehen eine Frau, Gertrude Baniszewski, erfüllt von Hass nach einem Leben voller Entbehrungen. Wir sehen auch ein unschuldiges Teenager-Mädchen, dem sie all ihre Probleme anlastete. Auf eine Weise, die immer noch schwer zu verstehen ist, wurde Gertrude zur Anführerin der Folter gegen Sylvia Likens und scharte eine kleine Armee von Nachbarskindern um sich.

Aber wie hat sie das geschafft? War es die Macht der Gruppendynamik? Waren sie alle eifersüchtig auf Sylvia? Hatten sie Angst, ausgeschlossen zu werden und möglicherweise selbst als Nächste misshandelt zu werden? Immerhin beteiligte sich sogar Sylvias unschuldige kleine Schwester an den Verbrechen gegen ihre ältere Schwester.

Was bringt normale, sanftmütige Menschen dazu, sich in Tiere zu verwandeln?

Dieses Buch wird das Leben der Frau hinter einem der berüchtigtsten Kindesmissbrauch Fälle Amerikas beleuchten.

I
Die Außenseiterin

GERTRUDE VAN FOSSAN WURDE ZUR DENKBAR ungünstigsten Zeit geboren. Es war der 22. September 1929, Amerika steckte gerade erst einen Monat in der Großen Depression. Ihre Eltern, Hugh und Mollie Van Fossan, spürten die Last der größten Rezession in der Geschichte des Landes fast sofort auf ihren Schultern. Gertrude war ihr drittes Kind, schon bald waren weitere unterwegs. Die Familie wuchs auf sechs Kinder an, alle ernährt von einem zunehmend gestressten Vater, der im Alkohol Erleichterung suchte.

Ablehnung wurde von Anfang an zu einem festen Bestandteil in Gertrudes jungem Leben. Ihre Mutter hielt die Tochter scheinbar grundlos auf Abstand. Während sie angeblich mit den anderen fünf Kindern warm und liebevoll umging, zog ihr drittes Kind sich den Zorn ihrer Mutter zu. Deren Gefühlskälte gegenüber Gertrude machte das kleine Mädchen zur Außenseiterin. Infolgedessen lehnten auch ihre Geschwister sie ab, vielleicht dem Beispiel ihrer Eltern folgend.

Glücklicherweise war das Leben in diesen frühen Jahren nicht völlig elend. Obwohl Gertrude ihre Mutter nicht für sich gewinnen konnte, betrachtete ihr Vater sie als sein Lieblingskind und überhäufte sie mit Aufmerksamkeit. Die beiden standen sich sehr nahe, und diese Beziehung schürte weiteren Groll bei Mollie und den anderen Geschwistern. Gertrude war gleichzeitig Goldkind und Sündenbock ihrer Familie.

Falls Gertrude ihren Status als Paria in ihrer eigenen Familie gekannt hätte, kümmerte es sie damals wenig. Die Liebe ihres Vaters war genug für sie. Doch dann schlug das Schicksal zu und Gertrudes Leben sollte nie wieder dasselbe – oder so glücklich – sein.

Sie war elf Jahre alt, als eines Abends, während sie das Lesen übte, ihrem Vater plötzlich unwohl wurde. Gertrude sah zu, wie Hugh nach Luft schnappte und von seinem Sitz aufstand, nur um neben ihr kurz darauf auf den Boden zu fallen. Er wurde reglos und still. Erschrocken kniete sie sich zu ihm hin und flehte ihn an, aufzuwachen. Doch vergeblich.

In diesem Moment stürzte Mollie herein und schrie beim Anblick ihres regungslosen Mannes ihre verängstigte Tochter an: „Was hast du getan? „

„Ich habe nichts getan!", wimmerte Gertrude. Ihre Mutter glaubte ihr nicht.

Obwohl es sich die Familie wahrscheinlich nicht hätte leisten können, fragte Gertrude, ob sie den Arzt holen solle. Ihre Mutter teilte ihr mit, dass es zu spät sei; ihr geliebter Papa war tot.

Gertrudes Glück zerbröckelte buchstäblich über Nacht. Der Tod ihres Vaters traumatisierte sie schwer. Die Erinnerung daran beschäftigte sie ständig und nicht einmal im Schlaf war sie davon befreit, es wieder zu erleben. Sie begann, unter Albträumen zu leiden und wachte unzählige Nächte schreiend auf. Hugh war ihr Beschützer gewesen, derjenige, der sie tröstete, wenn es gruselig wurde. Jetzt blieb ihr nur noch die feindselige Gegenwart einer Familie, die sie nicht liebte.

Ihre Mutter wurde seit dem Tod ihres Mannes noch verbitterter gegenüber Gertrude. Sie gab ihr die Schuld an seinem Herzinfarkt und betrachtete sie als Ursache all ihrer Probleme. Während sie die anderen trauernden Geschwister tröstete, ignorierte sie ihre Tochter. Wenn Gertrudes Albträume sie weckten, wurde Mollie wütend, da das den Schlaf der anderen Kinder störte.

Das Leben wurde mit den Jahren nur noch schwerer. Gertrudes Schulbesuch wurde unregelmäßig, teilweise aufgrund des ständigen Mobbings welches sie von ihren Mitschülern erfuhr, von denen viele mit ihren Geschwistern befreundet waren. Sogar Mollie beteiligte sich am Mobbing und half dabei, bösartige Gerüchte über ihre Tochter zu verbreiten: sie sei promiskuitiv und unsauber. Infolgedessen wurden Gertrudes Beziehungen zu anderen Mädchen dauerhaft durch Verbitterung verzerrt, was schließlich zu einem lebenslangen Hass auf ihr eigenes Geschlecht führte.

Da es ihr zu Hause an Liebe mangelte, wandte sich Gertrude als Teenagerin fremden Jungen und Männern zu. Die Gerüchte, die ihre Mutter verbreitet hatte, wirkten nun zu ihren Gunsten. Sie hatte die Schule abgebrochen, aber Jungen kamen immer noch vorbei in der Hoffnung, an den Aktionen teilzuhaben, für die das

Mädchen nun bekannt war. Für Gertrude boten ihre männlichen Begleiter nicht nur Zuneigung, sondern auch eine Möglichkeit, ihrem häuslichen Leben zu entfliehen. 1945, im Alter von sechzehn Jahren, traf und heiratete sie einen achtzehnjährigen Polizeibeamten, namens John Baniszewski.

Keiner aus ihrer Familie nahm an der Hochzeit teil.

II
Eine Unglückliche Verbindung

JOHN BANISZEWSKI (AUSGESPROCHEN BAN-I-SHEF-ski) freute sich auf das Eheleben. Er hatte allerlei Geschichten darüber gehört, was Gertrude angeblich alles für einen Mann zu tun bereit war, und er war glücklich, sie ganz für sich zu haben. Es war für ihn ziemlich schockierend, als sich erwies, dass diese Gerüchte alle falsch waren.

Es stellte sich heraus, dass seine frisch Angetraute nicht die Expertin im Schlafzimmer war, die er erwartet hatte. Tatsächlich schien sie Sex im Allgemeinen nicht einmal zu genießen.

Für sie war der Geschlechtsverkehr eine beschämende Handlung, etwas, das es zu ertragen galt, anstatt es zu genießen. Es war eine Lektion, die ihr von Kindheit an eingetrichtert worden war, dank der ständigen Sticheleien ihrer Mutter. Wann immer John versuchte, intim mit ihr zu werden, gab sie ihm nach. Wobei ihre Beteiligung angeblich dort endete. Sie lag unter ihm, still wie eine Leiche, ihre Glieder vor Unbehagen starr, während sie darauf wartete, dass er fertig wurde.

Um die Sache noch schlimmer zu machen, fehlten Gertrude die Fähigkeiten einer guten Hausfrau, die er von ihr erwartete. Sie hatte nie kochen gelernt und ihre Fähigkeit das Haus sauber zu halten, war unterdurchschnittlich. Oft litt sie unter depressiven Phasen, die das Haus in einem schmutzigen Zustand zurückließen. Dennoch war sie entschlossen, die Ehe funktionieren zu lassen, da sie nirgendwo anders hingehen konnte. Wenn sie nicht gerade als Verkäuferin in Drogerien arbeitete, um über die Runden zu kommen, war sie zu Hause und versuchte ihr Bestes, eine bessere Ehefrau zu werden.

Mit der Zeit war selbst der Sex nicht mehr so trostlos wie zuvor. Drei Jahre nach ihrer Heirat wurde sie schwanger. Es war eine der seltenen glücklichen Zeiten für Gertrude. Sie widmete sich ganz der Aufgabe, ein besseres Zuhause für das Baby zu schaffen. Diese Veränderungen gefielen John anfangs, aber bald begann es ihn zu stören, dass er nicht mehr im Mittelpunkt von Gertrudes Aufmerksamkeit stand.

Ihr erstes Kind, ein Mädchen namens Paula, wurde 1948 geboren. Zwei Jahre später brachte Gertrude Stephanie zur Welt. Kurz nach der Geburt ihres zweiten Kindes holte der Stress ihrer harten Kindheit Gertrude schließlich ein und sie erlitt einen Nervenzusammenbruch. Bei ihr wurde „Neurotizismus" diagnostiziert, eine Einschätzung, die heute als veraltet oder überholt gelten würde. Heutzutage würden Psychiater ihre Symptome als Anzeichen einer bipolaren Störung oder einer Borderline-Persönlichkeitsstörung einstufen. Welches auch immer ihre Krankheit war, sie ließ sie ständig angespannt und emotional distanziert von ihrem Mann zurück, sehr zu seinem Missfallen.

Allen Berichten zufolge, war Gertrude während ihrer ersten Ehe eine gute Mutter. Irgendwann wurde ihr klar, dass John nie die gleiche Wärme und Freundlichkeit zeigen würde, die Hugh ihr als Kind entgegengebracht hatte, aber sie konnte immer noch beweisen, dass sie nicht wie Mollie war. Sie widmete all ihre Zeit und Aufmerksamkeit ihren Töchtern, zu denen sich bald John Jr. (in den meisten Quellen fast ausschließlich als Johnny bezeichnet) und eine weitere Schwester, Marie, hinzugesellten. Da Gertrude selbst in ihrem Leben keine starke Mutterfigur gehabt hatte, lernte sie so viel wie möglich über Kindererziehung von Ärzten und anderen jungen Müttern, obwohl sie sich nicht bemühte, mit anderen Frauen Freundschaften zu schließen oder ihnen näher zu kommen.

John hingegen erreichte schnell seine Grenzen. Gertrude war eine Enttäuschung für ihn. Obwohl sie zu Beginn ihrer Schwangerschaft einige Anzeichen von Besserung gezeigt hatte, trug dies nur wenig zu seinem Glück bei. Ihre Fürsorge für die Kinder bedeutete, dass sie nerviger war als je zuvor und ihn ständig wegen seines Alkoholkonsums oder seiner Geldausgaben ermahnte. Als er genug davon hatte, begann er sie zu schlagen.

Gertrude hatte nie gewusst, wie eine gesunde Beziehung aussehen sollte. Wahrscheinlich dachte sie, dass Gewalt wie Sex war, einfach eine weitere Sache, die Ehefrauen von ihren Männern ertragen mussten. Wahrscheinlich war dies der Grund, warum sie gehorchte, als John ihr befahl, ihre blauen Flecken zu verstecken wenn sie ausging, was dazu führte, dass sie immer zurückgezogener wurde, bis sie herausfand, wie man diese mit Make-up überdeckt. Als Polizist wusste er, was es seinem guten Ruf antun konnte, wenn bekannt würde, dass er seine Frau schlug. Und er war ein Experte darin, die Wahrheit zu vertuschen.

Es muss für ihn eine Erleichterung gewesen sein, als Gertrude ihn 1955, nach zehn mühsamen gemeinsamen Jahren, um die Scheidung bat. John willigte ein, nicht ahnend, dass sie schon bald wieder in sein Leben treten würde.

III

Pech in der Liebe

GERTRUDE HATTE VIER KINDER, KEIN GELD und keinen Mann. Außerdem hatte sie eine lebenslange Sehnsucht danach, geliebt zu werden. Es war also keine Überraschung, als sie nur wenige Monate nach ihrer Scheidung von John Baniszewski, während eines kurzen Aufenthalts in Kansas, einen Mann namens Edward Guthrie kennenlernte und ihn heiratete.

Guthrie war anders als John, oder zumindest ließ er es so erscheinen. Es gelang ihm sofort, Gertrude so zu bezaubern, dass sie darüber hinwegsah, dass er arbeitslos war und ein noch schlimmeres Alkoholproblem hatte, als ihr Ex-Mann. Dann gab es noch das Problem mit den Kindern – Guthrie war kein väterlicher Typ - er mochte Kinder aktiv nicht, obwohl er das seiner neuen Frau absichtlich nicht klar machte, da es Johns Unterhaltszahlungen waren, die das Essen auf den Tisch brachten.

Gertrude schien mehr als zufrieden damit über die Runden zu kommen, indem sie Gelegenheitsjobs annahm, wie beispielsweise das Waschen und Reparieren von Kleidung ihrer Nachbarn. Kindesunterhalt half, aber diese Zahlungen waren selten und unregelmäßig.

Irgendwann während ihrer kurzen Ehe schlug Guthrie, der zunehmend genervt von den vielen Kindern um ihn herum war, eines von ihnen. Das war der Beginn des Zerbrechens der Beziehung zu seiner Frau. Die Dinge wurden angespannt und feindselig zwischen ihnen. Sobald er einen Job gefunden hatte und dadurch nicht mehr von Gertrudes unregelmäßigen Schecks abhängig war, reichte er die Scheidung ein und gab vor Gericht an, dass er die Ehe beenden wolle, weil er Kinder nervig finde.

Die Scheidung wurde schnell gewährt und beendete die Verbindung, die weniger als ein Jahr gedauert hatte.

Obwohl sie arm waren, kamen Gertrude und ihre Kinder eine Weile alleine zurecht. Das Leben war einfacher ohne einen grausamen Mann, der das wenige Geld das sie hatten, für Alkohol verschwendete. Gertrude konnte nicht anders, als sich manchmal einsam zu fühlen, ganz zu schweigen von der Scham, die sie als alleinerziehende Mutter in einer Zeit ertrug, in der das noch verpönt war. Als sie ihren ersten Ehemann zufällig auf der Straße traf, ergriff sie sofort die Chance, wieder Kontakt zu ihm aufzunehmen.

Sie wollte ihn um der Kinder willen in der Nähe haben, aber fühlte sich auch selbst zugegebenermaßen ziemlich einsam.

Gertrude und John Sr. sollten wieder heiraten, wenn auch nur kurz. Die Beziehung begann auf einer positiven Note, wobei Gertrude alles tat, um ihn diesmal glücklich zu machen. Sie war die perfekte Hausfrau und Mutter, John war ziemlich zufrieden mit dieser Veränderung. Im Gegenzug wurde er freundlicher und liebevoller ihr gegenüber.

Leider sollte bald eine Tragödie die neu verheiratete Glückseligkeit zunichtemachen. Gertrude wurde ein weiteres Mal schwanger. Es sollte ihr fünftes Kind werden. Die Schwangerschaft schien gut zu verlaufen, ohne Anzeichen, dass etwas nicht in Ordnung sein könnte. Jedoch erlitt Gertrude aus unbekannten Gründen eine Fehlgeburt, als das Baby fast ausgetragen war.

Die junge Frau hatte schon früher Fehlgeburten erlitten, aber diese hier war anders. Gertrude war so nah dran gewesen das Baby in ihren Armen halten zu können, es mit Liebe zu überschütten. Ihre Kinder waren für sie die einzige Zuflucht in ihrem schwierigen Leben und dieses Kind war ihr entrissen worden, bevor es überhaupt die Chance hatte das Licht der Welt zu erblicken. Dieses Unglück zerstörte sie völlig, und bald darauf versank sie in der tiefsten Depression ihres Lebens.

Völlig verloren in ihrer Trauer kämpfte sie damit, mit dem Kochen und Putzen Schritt zu halten. Doch nach einer Weile war sie dazu auch nicht mehr in der Lage. Das Haus wurde schmutzig und die Kinder entzogen sich ihrer Kontrolle. John versuchte sie wieder durch Gewalt zu „reparieren", aber das half überraschenderweise wenig. Das Einzige, das Gertrude vom Abgrund zurückbrachte, war eine erneute Schwangerschaft.

Diese verstörende Lebensweise sollte sich tatsächlich für weitere sieben Jahre fortsetzen. Gertrude wurde schwanger, erlitt eine Fehlgeburt und sank wieder in tiefe Verzweiflung. Nur zwei Schwangerschaften in diesem Zeitraum kamen zur vollständigen Austragung: Shirley, das fünfte Kind, und James, das sechste.

Auch John wurde immer müder von den wechselnden Hochs und intensiven Tiefs seiner Frau. Im Jahr 1963 reichte er erneut die Scheidung ein, das den Beginn dessen markierte, was man als Gertrudes ultimative Abwärtsspirale ihres Leben bezeichnen könnte.

Die einst so fürsorgliche Mutter verhielt sich nun fast so verbittert gegenüber ihren Kindern, wie sie es auch schon bei jedem anderen Teil ihres Lebens war. Bis 1964 schlug sie ihre Kinder angeblich. Als John davon erfuhr, Ende Oktober des gleichen Jahres, protestierte er dagegen, dass sie Paula schlug. Darauf erwiderte Gertrude: „Ich werde sie jederzeit und auf jede Art und Weise schlagen, wie es mir gefällt!"

Dies war das erste Anzeichen für etwas viel Dunkleres, das noch kommen sollte.

IV

Der Zornige Junge Liebhaber

GERTRUDES NÄCHSTER PARTNER WURDE Dennis Lee Wright, ein Soldat. Angeblich zwischen neunzehn und dreiundzwanzig Jahre alt, als er die sechsunddreißigjährige Mutter kennenlernte. Ihre Beziehung basierte größtenteils auf Sex. Es stellte sich heraus, dass Gertrude eine Vorliebe für jüngere, unerfahrenere Männer hatte, und Wright war mehr als zufrieden mit einer Frau zusammen zu sein, die sich hinzugeben bereit war, auch wenn diese sechs Kinder besaß.

Irgendwann wollte Gertrude jedoch mehr von ihm. Da beide bereits zusammenlebten und taten, was nur zwischen Ehemann und Ehefrau stattfinden dürfte, fragte sie ihn nach einer Heirat. Zu ihrer Enttäuschung war Wright nicht interessiert, er wollte auch keine Kinder mit ihr haben. Wie sich später herausstellte, war der jüngere Mann noch mit einer anderen Frau verheiratet, als er mit der Mutter von sechs Kindern zusammenzog.

Wie Gertrudes vorherige Partner hatte auch Wright ein Alkoholproblem. Außer dem Sex nutzte Gertrude auch sein Laster zu ihrem Vorteil und manipulierte ihn, sie und ihre Kinder finanziell zu unterstützen. So groß war ihr Einfluss auf ihn, dass er dies ohne Beschwerden tat und auch nichts sagte, selbst wenn sie ihren Teil der Beziehung nicht immer erfüllte.

Sex war für sie lange Zeit eine Quelle von Schrecken und Scham gewesen, aber jetzt, zum ersten Mal in ihrem Leben, ließ er sie die Kontrolle haben – und sie war nicht bereit das aufzugeben. Wenn sie spürte, dass Wright sie zu verlassen drohte, verstärkte sie ihren Charme und wurde zur idealen Hausfrau, bis die Dinge wieder zu ihren Gunsten liefen.

Trotz ihrer Bemühungen sollte ihre Herrschaft über ihn nur von kurzer Dauer sein. Eines Abends, nachdem sie miteinander geschlafen hatten, versuchte Gertrude erneut über eine Heirat zu sprechen, denn dieses Mal hatte sie einen anderen Ansatz: sie war wahrscheinlich mit ihrem siebten Kind schwanger. Doch der Zauber, mit dem sie ihren jungen Liebhaber gefangen hatte, brach dadurch und Wright wurde wütend.

Er schlug ihr ins Gesicht und dann in den Bauch. Er war entschlossen, ihr nicht zu erlauben sein Kind zu bekommen, da er dann nie von ihr frei sein würde. Er dachte an sein Haus, das jetzt so schmutzig war, mit all den darin herumlaufenden lärmenden Kindern. Er musste Gertrude loswerden, bevor sie ein Problem wurde. Sein Problem, für den Rest seines Lebens.

Wie er gehofft hatte, erlitt Gertrude am nächsten Tag eine weitere Fehlgeburt.

Dies war im Grunde nicht der einzige Fall von Gewalt gegen sie, in dieser zum Scheitern verurteilten Beziehung. Gertrude war bereits als Wrights Aschenbecher benutzt worden; ihre Arme und ihr Hals wiesen zahlreiche kleine, kreisförmige Verbrennungen auf. Dennoch glaubte sie, ihrer Beziehung zuliebe, diese Behandlung ertragen zu können. Jedoch war das, was er dem Fötus nun angetan hatte etwas, woran sie fast wieder zerbrach.

Die Beziehung existierte von da an in einer seltsamen Art von Schwebezustand. Keiner der Partner war glücklich, aber sie wahrten äußerlich still den Schein. Wright ging zur Arbeit,

Gertrude sorgte für ein einigermaßen sauberes Zuhause. Sie taten so, als wäre alles in Ordnung. Es sollte sich jedoch herausstellen, dass beide ihren nächsten Schritt planten - unglücklicherweise für Wright - war Gertrude ihm einen Schritt darin voraus.

Wieder wurde sie schwanger, aber diesmal war sie vorsichtig genug, es geheim zu halten. Wenn Wright es von selbst herausfinden würde, könnte er nichts dagegen tun. Anstatt der erwarteten Wut war Wrights Reaktion diesmal viel gedämpfter, fast teilnahmslos. Sie verwechselte diese Teilnahmslosigkeit mit Akzeptanz und hoffte, dass Wright ihnen endlich erlauben würde, ein gemeinsames Leben aufzubauen. Sie würde den Jungen, ihr siebtes und letztes Kind, sogar nach ihm benennen.

Welche Hoffnung für ihre Beziehung Gertrude auch gehegt hatte, wurde zunichte gemacht, als sie Dennis Wright Jr. aus dem Krankenhaus nach Hause brachte. Der Vater des Kindes war nirgends zu finden. Er hatte sich heimlich davongemacht und sie verlassen, während sie seinen Sohn zur Welt brachte. Seine scheinbar ruhige Reaktion war tatsächlich Akzeptanz gewesen – nicht der Elternschaft gegenüber - sondern seines Planes, aus dem eigenen Zuhause zu fliehen.

Um die Dinge noch schlimmer zu machen, hatte ihre Tochter Paula etwas besonders Beschämendes getan. Sie hatte ihre Mutter ebenfalls verlassen und war mit einem verheirateten Mann bis nach Kentucky durchgebrannt.

Obwohl Gertrudes depressive Episoden schon vorher schlimm gewesen waren, konnte diejenige, die sie nach diesen beiden Ereignissen erlebte, nur als absoluter Tiefpunkt bezeichnet werden. Sie hörte auf regelmäßig zu essen und verlor schnell an Gewicht, wog nur noch fünfundvierzig Kilogramm. Bei einer Körpergröße von einem Meter achtundsechzig, gefährlich wenig. Ihre Augen waren eingefallen und ihre Haut blass. Für die verbliebenen Kinder sah es so aus, als würde ihre Mutter direkt vor ihren Augen dahinwelken.

V

Zwei Aufsässige Mädchen

NICHT WEIT VON GERTRUDES unglücklichem Zuhause, in der 3850 New York Street, hatte eine andere Familie ihre eigenen Probleme.

Lester und Betty Likens, Eltern von fünf Kindern, liebten einander, obwohl sie oft zu Streitereien neigten. Sie hatten 1944 geheiratet und waren in ihrer gemeinsamen Zeit etwa neunzehnmal im Land umgezogen. Die meisten dieser Umzüge waren auf Lesters scheinbare Unfähigkeit zurückzuführen, seinen jeweiligen Job längere Zeit zu behalten. Erst kürzlich hatte er Arbeit als Betreiber von Essenständen auf Jahrmärkten gefunden, was jedoch nur zu noch mehr Reisen führte.

Betty hatte sich Anfang des Sommers 1965 aus einem nicht näher genannten Grund entschieden, sich von ihrem Mann Lester zu trennen. Eines Tages teilte sie ihren Töchtern, der sechzehnjährigen Sylvia und der fünfzehnjährigen Jenny Fay überraschend mit, dass sie aus ihrer Wohnung ausziehen würde. Als die drei bald darauf in einen Bus stiegen, schien die Mutter keinen bestimmten Zielort im Sinn zu haben, aber da die Mädchen an diese Art von Verhalten ihrer Eltern gewöhnt waren, saßen sie still neben ihr, während der Bus sie auf die andere Seite der Stadt brachte.

Sie gingen dort in ein Geschäft, in dem ihre Mutter sich umsah, aber nichts kaufte. Als Sylvia und Jenny mit ihr das Gebäude verließen, kam ein Angestellter hinter ihnen her und packte die Mutter, bevor sie entkommen konnte. Betty war beim Ladendiebstahl erwischt worden. Darauf hin wurde die Polizei gerufen. Ihren beiden Töchtern gab sie etwa zwei Dollar, bevor sie ins Gefängnis gebracht wurde.

Ab sofort waren Sylvia und Jenny auf sich allein gestellt. Sie liefen durch die Stadt und kauften Eiscreme-Sodas von dem Geld das sie bekommen hatten, was sie jedoch bald bereuten, als sie hungrig wurden. Sie riefen im Frauengefängnis an, um nach ihrer Mutter zu fragen, aber sie war nicht dort. Nach einer Weile trafen sie sich mit einer Freundin, Darlene McGuire. Die drei gingen spazieren. Jenny humpelte etwas hinterher, da sie eine Beinschiene trug. Eine Kinderlähmung hatte eines ihrer Beine schwächer als das andere gemacht.

Sylvia trat als Ältere naturgemäß beschützend gegenüber ihrer jüngeren kränklichen Schwester auf. Sie waren sehr oft zusammen und Sylvia sorgte dafür, dass Jenny bei allem Spaß den sie suchten, einbezogen wurde. Jenny würde sich später daran erinnern, wie sie mit Sylvia auf Rollschuhbahnen ging, wo ihre Schwester ihre Hände hielt, damit sie auf ihrem gesunden Bein Schlittschuh laufen konnte.

So hart das Leben auch für sie war, die beiden versuchten das Beste daraus zu machen und waren fest entschlossen, auch ihre derzeitigen Schwierigkeiten durchzustehen. Sie verbrachten den 4. Juli allein in der Wohnung ihrer Mutter und hörten das Feuerwerk draußen.

Am nächsten Tag verbrachten sie einige Zeit in Darlenes Haus, beschlossen aber, für den weiteren Tag getrennte Wege zu gehen. Sylvia und ihre Freundin stiegen in ein Auto mit einem anderen Mädchen und fuhren weg. Jenny hingegen humpelte zurück in die eigene Wohnung, um mit ihrer Vermieterin fernzusehen. Bald darauf waren Sylvia und Darlene jedoch zurück und hatten das andere Mädchen mitgebracht, Paula Baniszewski.

Die Likens-Mädchen hatten die Familie Baniszewski vorher nicht gekannt, aber Darlene hatte sie ihnen vorgestellt. Paula schien nett zu sein, obwohl Jenny leicht irritiert war, als die Siebzehnjährige zugab, im zweiten Monat schwanger zu sein. Es war das einzige Mal, dass sie diese skandalöse Schwangerschaft erwähnte - das Ergebnis einer zum Scheitern verurteilten Affäre mit einem älteren verheirateten Mann. Paula war mit ihm nach Hazard, Kentucky, durchgebrannt. Aber schon bald musste sie zu ihrer Mutter zurückkehren, als er den molligen Teenager schließlich abwies.

Wenn den Mädchen an diesem ersten Tag etwas Seltsames an den Baniszewskis auffiel, erwähnten sie es nicht. Tatsächlich fühlten sie wahrscheinlich sogar ein wenig Mitleid für Gertrude, als sie diese zum ersten Mal trafen. Viele Leute in der Nachbarschaft bemitleideten die abgemagerte, kränklich aussehende Frau mit ihrer übermütigen Schar von sieben Kindern. Die Dinge waren für sie bergab gegangen, nachdem sie von ihrem Lebensgefährten und ihrer Tochter verlassen wurde. Gertrude hatte seitdem zwar einen Vaterschaftsprozess gewonnen, was mehr

Unterhalt für sie bedeutete, auch Paula war nach Hause gekommen, fand sich aber noch nicht besser zurecht.

Das Haus war schmutzig und das Geld war knapp, aber Gertrude war freundlich zu den Likens-Mädchen. Sie war es gewohnt, von Teenagern umgeben zu sein, auch von solchen, die nicht ihre eigenen waren. Seit sich ihre psychische Gesundheit verschlechterte, hatte Paula viele der Haushaltsaufgaben übernommen, was ihr die Autorität gab, zu tun was ihr gefiel. Sie lud Freunde ein und bald wurde das Haus zu einem Treffpunkt für Teenager. Falls es Gertrude störte, hatte sie jedoch nicht die Kraft, Einwand zu erheben. Wahrscheinlich war es solch ein Treffen, wo Darlene sie kennengelernt hatte.

Die vier verbrachten im Haus Baniszewski den Nachmittag damit, Limonade zu trinken und Schallplatten zu hören, und für diesen Nachmittag waren sie ein Bild der Normalität, Mitte des Jahrhunderts, trotz der kränkelnden Gertrude im Nebenzimmer. Als der Abend kam, fragte Paula ihre Mutter, ob sie zum Abendessen bleiben könnten. Gertrude sagte zu, Jenny könne bleiben, lud aber auffälligerweise Sylvia nicht mit ein. Sie gab erst nach, als Jenny sagte, sie könne nicht bleiben, wenn Sylvia nicht bei ihr wäre.

Die Mädchen blieben sogar über Nacht. Es war Shirley Baniszewskis zehnter Geburtstag, um Mitternacht waren alle noch wach um zu feiern. Die Feierlichkeit wurde unterbrochen, als zwei Männer an der Haustür klopften.

„Das sind mein Daddy und mein Bruder Danny.", erklärte Jenny den anderen. Lester Likens bat seine Tochter herauszukommen.

„Wo ist Mommy?", fragte er. Er war müde und besorgt, er war zu Bettys Wohnung gegangen und hatte sie leer vorgefunden. Zufällig stieß er auf Darlene, sonst hätte er es viel schwerer gehabt, seine Töchter zu finden.

Sie erklärten, dass ihre Mutter verhaftet worden war.

Lester, wie sich herausstellte, war mit interessanten Neuigkeiten gekommen. Er würde wieder mit der Jahrmarktsgesellschaft auf Tour gehen, um die Essenstände zu leiten, aber er wollte sich zuerst mit seiner Frau versöhnen. Nicht nur das, er wollte sie auch mitnehmen.

Gertrude lud die beiden Männer ein, aber Lester wollte Betty finden. Bevor er jedoch zum Gefängnis fuhr, nach ihr zu suchen, kauften Lester und Danny bei WHITE CASTLE eine Menge

Burger und brachten sie zu Gertrude und ihrer Familie. Später, am Gefängnis, erfuhr er, dass Betty bereits entlassen worden war. Sie war aber nicht in ihre Wohnung zurückgekehrt.

Frustriert und erschöpft kehrte er zum Haus der Baniszewskis zurück und erklärte Gertrude folgende Situation: Er und seine Frau würden verreisen und brauchten jemanden, der sich in ihrer Abwesenheit um ihre Kinder kümmerte. Neben Danny, dem neunzehnjährigen Zwilling der bereits verheirateten und distanzierten Diana, hatte Jenny Likens ebenfalls einen Zwilling namens Benny. Sylvia war die Außenseiterin, ein einzelnes Mädchen zwischen zwei Zwillingspaaren. Lester wollte seine Kinder eigentlich zu seiner eigenen Mutter in seine Heimatstadt Lebanon, Indiana, bringen. Das wiederum interessierte Gertrude, die schnell eine Gelegenheit zum Geld verdienen sah. Da die Likens-Mädchen bereits mit ihrer Tochter Paula befreundet waren, könnten sie auch bei ihr bleiben. Sie würde zwanzig Dollar dafür pro Woche verlangen, was heute etwa hundertfünfzig Dollar entspricht. Das war für Lester sicherlich ein verlockendes Angebot, zumal seine eigene Mutter wahrscheinlich Schwierigkeiten mit vier heranwachsenden Teenagern gehabt hätte. Die Mädchen selbst schienen mit der Regelung zufrieden zu sein.

Die beiden Männer gingen wieder und Lester hatte die Chance, über das Angebot zu schlafen. Er wollte trotzdem zuerst Bettys Meinung einholen und fand sie am nächsten Morgen im Hause ihrer Eltern. Sie versöhnten sich, wie schon so oft zuvor. Nachdem er Betty über seine Arbeitspläne und die Baniszewskis informiert hatte, stimmte auch sie zu, ihre Töchter bei Gertrude unterzubringen.

So wurde der Plan in die Tat umgesetzt. Lester gab Gertrude einen Zwanziger im Voraus. Er hoffte, die fleißige Mutter würde seine manchmal ungezogenen Töchter auf den rechten Weg führen und riet ihr sogar, bei ihrer Erziehung zu einer „festen Hand".

Der ahnungslose Vater konnte nie wissen, welches Gewicht seine Worte haben würden.

VI

Der Beginn der Schlechten Zeiten

DIE ERSTE WOCHE VERLIEF REIBUNGSLOS. Falls Gertrude Sylvia bereits da nicht mochte, gelang es ihr, es für sich zu behalten. Die heißen Sommertage zogen ruhig vorüber. Sylvia und Jenny verbrachten ihre Zeit mit Paula, dem Hören von Schallplatten und Gesprächen über Jungs, sowie der Hilfe für Gertrude im Haushalt, was Sylvia angeblich gerne tat.

Aber die freundliche Fassade, die Gertrude aufgesetzt hatte, als sie Lester Likens traf, begann zu bröckeln. Weder er noch Betty oder Danny hatten einen anderen Teil des Hauses als das Wohnzimmer gesehen. Keiner von ihnen hatte eine Ahnung, wie schlecht es der Familie ging. Es gab keinen richtigen Herd, so dass die spärlichen Mahlzeiten der Familie, bestehend aus Toast oder Suppe, auf einer einzigen Kochplatte zubereitet wurden. Die Baniszewskis hatten drei Löffel, bald hatten sie nur noch einen, den sie sich abwechselnd teilen mussten.

Oft kam es zu Streitigkeiten, wenn ein Geschwisterteil dem anderen vorwarf, mehr als seinen gerechten Anteil am Essen genommen zu haben. Ihre Wohnung war beengt, es gab mehr Kinder als Betten.

Armut war schon lange ein Teil von Gertrudes Leben. Sie arbeitete sechzehn Stunden am Tag und hatte ein Haus voller eigener - und Nachbarskinder. Sie war ständig gestresst und nervös. Chronische Krankheiten wie Bronchitis und Asthma hatten ihren ohnehin zerbrechlichen Körper geschwächt, die Medikamente, die ihr verschrieben wurden, sowohl Aufputschmittel als auch Beruhigungsmittel, verschlimmerten nur ihre geistige Instabilität. Sie schwankte gefühlsmäßig zwischen einladend und feindselig. Oft schrie sie die Kinder an, sie sollten verschwinden und ihr etwas Ruhe gönnen. Also gingen Paula und Sylvia in den Park, Jenny humpelte hinter ihnen her.

Man hätte erwarten können, dass Gertrude für Sylvias Hilfe dankbar gewesen sei, aber ihre Labilität erreichte rasch ihren

Siedepunkt. Dieser schien gekommen zu sein, als Lesters Geld zu spät eintraf. Sie zerrte die Likens-Mädchen nach oben und ohrfeigte Jenny. „Ich habe mich eine Woche lang umsonst um euch zwei Schlampen gekümmert!"

Die Zahlungsanweisung traf am nächsten Morgen ein.

Am 17. Juli lernten die Likens-Mädchen zwei weitere Mitglieder der Baniszewski-Familie kennen. Die fünfzehnjährige Stephanie und der zwölfjährige Johnny waren nach einem Aufenthalt bei ihrem Vater nach Hause gekommen. Obwohl Stephanie überrascht war zu sehen, dass Fremde eingezogen waren während sie weg war, freundete sie sich schnell mit Sylvia an.

Die Likens-Eltern kamen kurz darauf zu Besuch. Die Likens-Mädchen erwähnten ihre Misshandlung mit keinem Wort. Vielleicht dachten sie angesichts der Kultur der 1960er Jahre, als körperliche Züchtigung von Kindern noch weitgehend akzeptiert wurde, wenig darüber nach. Sicherlich ahnten sie nicht, zu welchen Grausamkeiten der gesamte Baniszewski-Clan bald fähig sein würde. Lester gab Gertrude weitere zwanzig Dollar, dann machten er und Betty sich wieder auf den Weg. Bevor er ging, sagte er seinen Töchtern jedoch, dass sie ihre Zeit im Park damit verbringen könnten, leere Flaschen aufzusammeln. Das Geld, das sie damit verdienten, könnte der Familie helfen.

Unglücklicherweise wusste Gertrude davon nichts. Sie dachte, die Likens-Mädchen würden im Park herumlungern und beschloss daher, dass sie bestraft werden müssten, weil sie sie schlecht aussehen ließen. Diesmal begnügte sie sich jedoch nicht mit Ohrfeigen. Gertrude hatte verschiedene Gegenstände im Haus, die sie zur Bestrafung benutzte, darunter einen schwarzen ledernen Polizeigürtel, den John Sr. genau zu diesem Zweck zurückgelassen hatte. Häufiger benutzte sie ein etwa sechs Millimeter dickes hölzernes Verbindungspaddel auf ihren Hintern. Bei Sylvia benutzte sie es auf ihrem Hinterkopf.

Wenn Gertrude sich zu schwach fühlte, übergab sie das Paddel an Paula, die keine Probleme damit hatte die Mädchen zu schlagen, manchmal sogar viel härter als ihre Mutter es tat.

Trotzdem waren die Dinge noch lange nicht so düster, wie sie erst werden sollten. In diesem ersten Monat hatten die Likens-Mädchen ab und zu auch etwas Spaß. Paula spielte manchmal noch nett mit ihnen. Die bösartige Art, die Paula und ihre Mutter hatten, schien bei Stephanie zu fehlen. Sie unternahmen häufige

Ausflüge in den nahegelegenen Park, aber es war die Kirche, die ihnen eine dringend benötigte Auszeit vom Chaos bot.

Gertrude, die sich selbst Mrs. Wright nannte und vorgab, dass ihr Mann nur in der Armee sei, hatte ein starkes Bedürfnis den Schein zu wahren. Sie sorgte dafür, dass ihre Kinder jeden Sonntag zur Memorial Baptist Church gingen, obwohl sie selbst selten teilnahm. Nach dem Gottesdienst hatten die Mädchen die Möglichkeit, sich zu unterhalten und manchmal eine Mahlzeit zu sich zu nehmen, ohne Gertrudes zornige Blicke auf sich fürchten zu müssen.

Am 22. August bekannten die Likens- und Baniszewski-Mädchen ihren Glauben vor der gesamten Gemeinde. Dies gefiel Reverend Julian. Aber andere Mitglieder waren nicht so überzeugt von Paula. Eines Sonntags kam sie mit einem Gipsverband am Handgelenk zur Kirche und prahlte angeblich gegenüber einer Frau, dass sie ihn sich gebrochen hatte, nachdem sie Sylvia auf den Kiefer geschlagen hatte. „Ich habe versucht, sie umzubringen.", gab sie grinsend zu.

Paulas Begründung war, dass Sylvia ihre Mutter mit einem hässlichen Namen bezeichnet hatte. Es gab keinen Beweis dafür, aber die Wahrheit spielte in Gertrudes Haushalt kaum eine Rolle.

Es geschah immer häufiger, dass sie sich, völlig aus der Luft gegriffen, Gründe ausdachten, um die Misshandlung von Sylvia voreinander zu rechtfertigen, von wahrscheinlich bis bizarr. Gertrude beschuldigte sie, zehn Dollar aus ihrer Geldbörse gestohlen zu haben, also wurde sie mit dem Paddel geschlagen. Paula beschuldigte sie, mehr als ihren gerechten Anteil bei einem Kirchenessen gegessen zu haben, also wurde sie über ein Dutzend Mal auf den Rücken geschlagen. Marie sah, wie sie ein Sandwich aß, das Dianna ihr gebracht hatte, also wurde sie geohrfeigt. Gertrude glaubte, sie rieche Senf in Sylvias Atem, was bedeutete, dass Danny ihr einen Burger gekauft hatte, den sie nicht geteilt hatte, also zerrte sie das Mädchen an den Haaren, bis es auf den Boden fiel.

Völlerei, so erfunden sie auch war, stellte eine besonders perverse Sünde dar, in einem Haus, in dem alle oft keine andere Wahl hatten, als hungrig zu bleiben. Gertrude tobte darüber, wie viel Sylvia angeblich aß und nannte sie ein Schwein. In Wirklichkeit aß Sylvia genauso wenig wie die anderen und verbrachte ihre Tage, von Hungerschmerzen geplagt. Was auch immer Gertrudes seltsamer Beweggrund war, sie ließ nie von ihrem Ekel gegen Sylvia ab und fand bald eine neue Möglichkeit das Mädchen zu bestrafen.

Eines Tages setzten Gertrude und Paula, zusammen mit einem Nachbarsjungen namens Randy Lepper, Sylvia an den Küchentisch und beschlossen ihr eine Lektion zu erteilen. Sie nahmen abwechselnd einen Hot Dog und beluden ihn mit verschiedenen Belägen und Gewürzen, reichten ihn einander, bis der Senf auf den Boden tropfte. Dann versuchten sie, Sylvia dazu zu bringen, ihn zu essen.

Sylvia weigerte sich, aber Gertrude ließ nicht locker.

Die Frau quetschte den Hot Dog in Sylvias Mund und verschmierte die Soßen über ihr ganzes Gesicht. Sylvia hustete, würgte und versuchte wegzukommen, wurde jedoch festgehalten, während Gertrude den Hot Dog in ihren Mund rammte, bis weit in ihren Rachen hinein. „Iss ihn, du Schlampe!", kreischte Gertrude, während sie versuchte, Sylvias Kiefer aufzuzwingen.

Das verängstigte Mädchen weinte und versuchte den Befehlen zu folgen, aber der Brei aus Zutaten war überwältigend. Gertrudes Finger steckten jetzt tief in ihrem Mund und schoben immer noch Fleisch- und Brotstücke ihre Kehle hinunter. Sylvia erbrach sich über den ganzen Küchenboden.

Erschöpft und sich krank fühlend, hoffte sie, dass die Tortur vorbei wäre. Allerdings bestand Gertrude darauf, dass sie noch nicht fertig sei. Wenn sie wirklich fertig sein wolle, dann müsse sie jedes letzte Stückchen des Hot Dogs gegessen haben – einschließlich der Teile, die sie auf den Boden erbrochen hatte.

Nachdem sie auf Händen und Knien auf den ungepflegten Küchenboden gesunken war, packte Gertrude ihre langen Haare und zerrte das Mädchen zu der übel riechenden Pfütze. Sylvia kroch kraftlos vorwärts und leckte ihr eigenes Erbrochenes auf, während ihre drei Peiniger um sie herum lachten.

VII
Eine Eifersüchtige Wut

OBWOHL JENNY KEINESWEGS VOR DEM Missbrauch durch Gertrude und Paula sicher war, blieb die grausame Aufmerksamkeit der beiden fast vollständig auf ihre Schwester gerichtet. Der genaue Grund, warum sie beide beschlossen hatten, Sylvia zu ihrem Sündenbock zu machen, ist unklar. Bemerkenswert ist jedoch, dass Gertrude dieselbe Dynamik wiedererlebte, durch die ihre eigene Kindheit zur Hölle gemacht wurde. Diesmal nahm sie den Platz ihrer Mutter ein, obwohl selbst Mollie Van Fossan nie so tief gesunken war.

Sylvia, von ihren Freunden Cookie genannt, war ein hübscher und recht beliebter Teenager. Jungs mochten sie. Trotz der Dysfunktion ihrer Familie wurde sie, wie auch alle ihre Geschwister, von den Eltern geliebt. Ihre Zukunft sah, zumindest bis sie einen Fuß in das Haus der Baniszewskis setzte, vielversprechend aus. Vielleicht sah Gertrude in Sylvia ein Abbild des Lebens, das sie selbst hätte haben können, wenn sie nur ein klein wenig mehr Glück gehabt hätte. Ein Leben, in dem Menschen freundlich waren und das zu Hause ein glücklicher Ort war. Zu sehen, welche Art von Existenz ihr verwehrt geblieben war, muss Gertrude gequält haben.

Paula hingegen war ein viel seltsamerer Fall. Sie und Gertrude standen sich nahe, manchmal auf fast manische Weise. Sie wurde zur bereitwilligen Handlangerin ihrer Mutter. Übergewichtig und mit zu viel Verantwortung belastet, teilte sie wahrscheinlich den hasserfüllten Neid ihrer Mutter auf das hübsche Mädchen. Das sie ein Geheimnis hatte, das zweifellos ihren Ruf ruinieren würde, eines, das sie und Gertrude selbst dann noch öffentlich leugneten, obwohl es für jeden der sie sah immer offensichtlicher wurde und dieses schlanke, hübsche Mädchen ebenfalls davon wusste, war unerträglich für sie.

Jenny, mit ihrer schüchternen Natur und sichtbaren Behinderung, war für sie weniger verabscheuungswürdig.

In ihrem Buch „*The Basement: Meditations on a Human Sacrifice*", argumentiert die feministische Autorin Kate Millett, dass die an Sylvia begangenen Verbrechen in vielerlei Hinsicht im Sex wurzelten, sowohl im eigentlichen Akt als auch im biologischen Sinne. In der Tat wurden Sylvias Sexualität und angebliche Promiskuität zu einem Grund der Besessenheit für Gertrude, die während ihrer eigenen gequälten Jugend eine Abneigung gegen das weibliche Geschlecht entwickelt hatte.

„Frauen sind unreine Geschöpfe.", pflegte sie zu sagen. „Gott liebt sie nicht so, wie er Männer liebt."

Wir können Beweise für Milletts Behauptung durch das Geschehen an einem Nachmittag im Hause Baniszewski sehen, den sie alle gemeinsam verbrachten. In der Zeit nach dem Hotdog-Vorfall wirkten Gertrude und Paula ruhiger, weniger feindselig. Das Thema Jungs und Dates kam auf. Es war zunächst ein lustiges Gespräch und fühlte sich normal an. Sylvia und Jenny, gefangen in einer Umgebung des Hasses, waren plötzlich wieder typische Teenager. Stephanie erzählte ihnen von ihrem neuen Freund, Coy Hubbard, einem großen athletischen Fünfzehnjährigen. Paula, die ihre Schwangerschaft immer noch leugnete, hielt sich mit Details über ihr Liebesleben zurück, gab aber zu, einige Erfahrungen zu haben. Jenny erwähnte, einmal einen Jungen geküsst zu haben.

Sylvia erinnerte sich an glücklichere Zeiten an der Westküste. Sie wäre gerne in Long Beach, Kalifornien, geblieben. Dort hatte sie einen Jungen kennengelernt den sie mochte, aber ihre Eltern, die Heimweh nach ihrem Heimatstaat hatten, zogen mit der Familie zurück nach Indiana.

Dies weckte Gertrudes Neugier. „Hast du jemals etwas mit einem Jungen gemacht, Sylvia?"

Sicher, sie hatte viele Dinge mit ihnen gemacht; sie war mit Jungs ausgegangen, war mit ihnen Schlittschuh gelaufen und ging manchmal mit ihnen auf Partys. Sylvia muss die Falle, in die Gertrude sie lockte, nicht bemerkt haben. Nach weiterem Drängen erwähnte Sylvia eine Party, die sie in Long Beach veranstaltet hatte, als ihre Eltern weg waren. Sie und ihr Freund hatten sich oft geküsst, und in dieser Nacht erlaubte sie ihm sogar, ihren Körper zu berühren.

Plötzlich kippte die Stimmung. Alle verstummten.

Gertrude sah sie an. Sie runzelte die Stirn. „Warum hast du das getan, Sylvia?"

„Ich weiß nicht.", antwortete Sylvia.

Tatsächlich hätte der ahnungslose Teenager nichts sagen können, was Gertrudes Missbilligung abgeschüttelt hätte. Die Frau hatte sich bereits entschieden, sie zu hassen. Unschuldige Worte würden verdreht werden, um ihre Wut zu rechtfertigen, die ständig unter der Oberfläche brodelte.

Aber das Thema Sex war etwas, das in einer besonderen Liga spielte. Gertrude hasste Sex, wie sie Sylvia hasste. Sie kannte seine Macht, wusste wie er eine Person ruinieren konnte. Wenn Sex einen schlecht machte, dann bedeutete das, dass Sylvia schlecht war, und wenn Sylvia schlecht war, dann spielte es keine Rolle mehr, wie hart Gertrude sie schlug oder wie hässlich die Namen waren, die sie dem Mädchen an den Kopf warf. In Gertrudes Augen verdiente Sylvia das alles und Schlimmeres.

Die Baniszewskis würden Sylvia nicht vergessen lassen, was sie ihnen gestanden hatte. Es fing an mit etwas Neckerei: „Du wirst dick am Bauch.", sagte Gertrude ihr einige Tage später. „Du siehst aus, als würdest du ein Baby bekommen."

Sylvia versuchte scherzhaft zu antworten: „Ja, ich schätze schon. Ich werde wohl eine Diät machen müssen."

Gertrude war angewidert. Sie meinte es ernst, todernst. Sie sagte Sylvia, dass sie dreckig sei, dass sie sich durch Sex und die Berührung eines Jungen hatte ruinieren lassen. Als Sylvia versuchte weg zu gehen, trat und stampfte Gertrude auf sie ein, während sie schrie, dass sie eine Hure sei.

Als Sylvia versuchte, sich vor Schmerzen zu setzen, mischte sich Paula ein. „Du bist es nicht wert, auf einem Stuhl zu sitzen.", sagte sie und stieß Sylvia zu Boden.

Diese Anschuldigung würde eine tiefgreifende Wirkung auf Sylvias Psyche haben. Irgendwie war Sylvia, selbst als sie immer dünner und dünner wurde, davon überzeugt, dass sie schwanger war.

VIII
Zurück Zur Schule

ENDE AUGUST STATTETEN LESTER AND BETTY ihren Töchtern einen weiteren Besuch ab. Alles liefe gut, jedenfalls wurde ihnen das erzählt. Sylvia und Jenny berichteten von keiner Misshandlung. Falls sie blaue Flecken hatten, sahen ihre Eltern sie nicht. Der einzige Hinweis, dass etwas nicht stimmte, war, dass sie sagten, sie hätten Hunger. Also gingen sie alle zusammen zu einem Burger-Drive-in zum Essen. Damit war die Sache erledigt.

Diejenigen von uns, die diese Geschichte durch die Linse von Gerichtsprotokollen und Zeitungsarchiven betrachten, fragen sich wahrscheinlich, wie genau Gertrude es so lange schaffte, damit durchzukommen. Wie konnte sie mit den schrecklichen Dingen, die sie den Likens-Mädchen antat, davonkommen, selbst wenn deren Eltern direkt in ihrem Haus waren? Diese statteten dem Haus in der 3850 New York Street im Laufe des Sommers mehrere Besuche ab. Sicherlich hätten aufmerksame Eltern bemerkt, dass etwas nicht stimmte – und die Mädchen selbst hätten doch die Chance genutzt, sich zu äußern.

Leider sprachen die Mädchen aus demselben Grund nicht, aus dem viele andere misshandelte Kinder nichts sagten: Sie hatten einfach zu viel Angst. Was, wenn ihnen niemand glaubte? Was, wenn Gertrude herausfand, dass sie gepetzt hatten? Was würde sie ihnen dann erst antun? Jenny würde Monate später im Zeugenstand genau das erklären.

Die traurige Wahrheit war, dass die Dinge noch nicht so schlimm waren, wie sie erst werden sollten.

Anfang September würde Gertrude weiterhin den Schein wahren, indem sie die Likens-Mädchen zur Schule schickte. Sylvia, die um ihren sechzehnten Geburtstag im Januar die High School abgebrochen hatte, freute sich tatsächlich auf die Arsenal Tech. Es garantierte ihr ein paar Stunden der Ruhe am Tag, weg von Gertrudes Zorn, sowie mindestens einer warmen Mahlzeit, die sie mit etwas Würde essen konnte. Sie nahm einen Job in der Cafeteria an, in der Hoffnung, etwas zusätzliches Geld zu verdienen.

Trotz all der Probleme, die sie mit Stephanies Mutter und Schwester hatte, konnte Sylvia sie immer noch als ihre Freundin bezeichnen. Die Zeit, die sie zusammen verbrachten, Witze machten und ihre Lieblingslieder sangen, milderte das Elend, zu dem Sylvias Leben geworden war, ein wenig. Durch Stephanie lernte Sylvia auch Coy Hubbard kennen und freundete sich mit ihm an. Diese Freundschaft sollte sich bald als kurzlebig erweisen.

Während Sylvias Schulzeit wurde der vielleicht einzige Fall bekannt, in dem sie sich gegen den Missbrauch, den sie erduldete, wehrte. Sie erzählte einem männlichen Klassenkameraden, dass die Baniszewski-Mädchen Prostituierte seien und für den richtigen Preis mit ihm schlafen würden. Der Junge fragte dummerweise ausgerechnet Stephanie unverblümt, als er sie traf, wie viel sie dafür verlangte.

„Wovon redest du?", fragte sie verwirrt.

„Wie viel willst du, um mit mir ins Bett zu gehen?"

Stephanie wurde wütend. „Wer hat dir erzählt, dass ich so etwas mache?"

„Eine Freundin von dir.", gab er zu. „Ihr Name ist Sylvia."

„Tolle Freundin!", schnaubte Stephanie. Als sie an diesem Tag nach Hause kam, suchte sie Sylvia und schlug ihr ins Gesicht. Sylvia begann zu weinen, gab zu, was sie getan hatte und entschuldigte sich bei ihrer Freundin. Stephanie fing darauf auch an zu weinen. Es machte ihr keine Freude, Sylvia zu verletzen.

Wäre Sylvia vorsichtiger gewesen, wäre der einzelne Schlag den sie von Stephanie erhielt, die einzige Konsequenz gewesen, die sie für ihren boshaften Fehler hätte tragen müssen. Allerdings verbreiteten sich die Gerüchte schneller, als sie erwartet hatte. Paula erfuhr davon und Johnny auch, aber es war Coy Hubbard, der beschloss, die Sache selbst in die Hand zu nehmen.

Coy war groß und auch stark für sein Alter. Er lernte Judo und freute sich, zusätzlich etwas Übung zu bekommen, indem er das Mädchen verprügelte, das die Ehre seiner Freundin beleidigt hatte. Als er Sylvia dann fand, packte er sie und schlug ihren Kopf gegen die Wand. Als sie darauf, benommen vom Schlag, aufstand, packte er sie erneut und warf sie hart auf den Boden.

Später, nachdem Johnny Gertrude von den Gerüchten erzählt hatte, verpasste sie ihrerseits dem Mädchen eine weitere Tracht Prügel.

Die Schule begann für Sylvia nach dieser Geschichte weit weniger attraktiv auszusehen.

Natürlich trug Gertrude ihren Teil dazu bei, die Schule für das Mädchen zur Hölle zu machen. Als Sylvia, der in diesem Semester eine Sportstunde zugeteilt worden war, Gertrude um etwas Geld für passende Kleidung bat, lehnte Gertrude ab. Lester hatte den Mädchen zwar etwas Geld für Schulausgaben in diesem Monat hinterlegt, aber dieses Geld gehörte jetzt Gertrude. Das meiste Geld im Haus ging für Gertrudes Medikamente und Zigaretten drauf, der Rest dann für Essen. Es würde sicher nicht für Sylvia verschwendet, nach den gemeinen Dingen, die sie über ihre Töchter gesagt hatte.

Sylvia schaffte es, dieses Problem zu umgehen, als sie gebrauchte Sportkleidung auf dem Dachboden der Schule fand. Doch das machte Gertrude erneut wütend. Als das Mädchen mit ihrem Fund nach Hause kam, wurde sie mit einer Ohrfeige und Anschuldigungen, eine Diebin zu sein, empfangen. Dann musste sie ertragen, mit dem Leder-Polizeigürtel geschlagen zu werden.

Wenn Gertrude wütend wurde, neigte sie dazu, Tiraden loszulassen. Sie hatte Sylvia gerade windelweich geprügelt, als sie begann, ihr eine Lektion über ihre angebliche Promiskuität zu erteilen. Stephanie versuchte einzugreifen, als ihre Mutter Sylvia in den Unterleib trat.

Als Stephanie weinte, rief Gertrude Coy an, um ihn anzulügen, dass Sylvia seiner Freundin wieder wehgetan hatte. Der verliebte Teenager tauchte sofort im Baniszewski-Haus auf, und Gertrude brachte ihn dazu, ihr zu helfen, als sie ein Streichholz an Sylvias Fingern entzündete.

Das Leben für Sylvia war zu einer endlosen Flut von Bestrafungen geworden. Wenn sie nicht geschlagen wurde, erfuhr sie Beleidigungen. Sie wußte was ihr passieren würde, wenn sie versuchte, sich in irgendeiner Weise zu wehren, oder sich jemandem anvertraute.

„Ich hasse dich! Du ruinierst mein Leben!", schrie Gertrude, müde vom Schlagen.

Im September begann die Familie, sich Sorgen um Stephanie zu machen.

Stephanie Baniszewski war schon immer die Klügste in der Familie gewesen. Ihre jüngeren Geschwister nannten sie „Einstein" oder kurz „Einey", weil die schlechtesten Noten die sie bekam, Zweien waren. Gertrude selbst hatte die High School nie abgeschlossen. Paula, die zwar noch für Abendkurse eingeschrieben war, kümmerte sich jetzt weniger um ihre Ausbildung, da sie unter ihrer Schwangerschaft litt, die mit jedem Tag auffälliger wurde. Stephanie hingegen träumte, eines Tages Anwältin zu werden, versuchte daher so wenig Schule wie möglich zu verpassen.

Zu ihrem großen Leidwesen musste sie nun zu Hause bleiben, weil sie im Laufe des Tages an zufälligen Ohnmachtsanfälle litt. Diese wurden häufiger, die Ärzte hatten Schwierigkeiten, die Ursache dafür zu finden. In der Befürchtung des Schlimmsten wandten sich die Baniszewskis an Gott.

Der Prediger in der Memorial Baptist Church war Reverend Roy Julian. Er war jung und galt als gutaussehend, was es für seine Predigten einfacher machte, die Aufmerksamkeit gelangweilter Teenagermädchen zu erhalten, aber er war auch aus anderen Gründen beliebt. Stets um das Seelenheil seiner Gemeinde besorgt, konnte man immer auf seinen Besuch zählen, wenn man ihn rief. Irgendwann in diesem Monat bat Gertrude ihn, zu ihr zu kommen, um mit ihm für die Gesundheit ihrer Tochter zu beten.

Die Wahrheit war, dass Reverend Julian sich bereits Sorgen um die Baniszewskis machte. Obwohl Gertrude ihre ganze Schar hungriger Kinder sonntags zum Gottesdienst schickte, hatte er die Frau selbst nie unter ihnen gesehen. Trotzdem wusste er, dass sie eine beschäftigte, hart arbeitende Frau war, er wollte ihr gern etwas Führung anbieten – da er einige beunruhigende Gerüchte über ihre Töchter gehört hatte.

Gertrude sorgte dafür, so viel Mitgefühl wie möglich von ihm zu bekommen, sobald er durch ihre Haustür trat. „Mir geht es nicht so gut.", sagte sie, als sie ihn zur Couch führte. „Manchmal kann ich kaum Luft holen. Ich nehme diese neue Medizin, die mir der Arzt für meine Bronchitis gegeben hat, aber sie beeinträchtigt mich stark. Sie macht mich benommen – ich muss den halben Tag im Bett verbringen." Sie warf ihm einen traurigen Blick zu. „Mein Mann zahlt den Unterhalt nicht wie er sollte. Ich versuche die Familie mit dem Bügeln über Wasser zu halten, aber die Kunden werden ungeduldig mit mir."

Er nickte und hörte aufmerksam zu. Gemeinsam beteten sie eine Weile schweigend, bevor er sie nach ihren Kindern fragte. Sie schüttelte den Kopf und seufzte. „Oh, sie laufen einfach wild herum. Die Kinder – vor allem Sylvia – bereiten mir ziemlich viele Probleme. Sie machen mich schlimm nervös. Ich muss auch dafür Medizin nehmen. Der Arzt hat mir etwas Phenobarbital gegeben.", erklärte sie. „Ich musste anfangen, die Kinder zu maßregeln. Ich habe einmal versucht, Sylvia zu versohlen, aber ich konnte es wegen meinem Asthma nicht. Paula musste mir helfen."

Der Reverend bat sie, ihm mehr über Sylvia zu erzählen. Gertrude ergriff sofort die Gelegenheit, ihrem Ärger Luft zu machen.

„Sie schwänzt die Schule und macht sich an ältere Männer ran, um Geld zu bekommen. Ich musste anfangen, sie in ihrem Zimmer oben einzusperren, weil sie nachts aus dem Haus schleichen würde."

„Darf ich mit Sylvia sprechen?"

Gertrude zögerte. Sie wusste, dass sie Sylvia nicht die geringste Möglichkeit geben durfte, ihrer Darstellung zu widersprechen. Zu ihrer Erleichterung ging Jenny in diesem Moment am Zimmer vorbei. „Nun, hier ist ihre Schwester. Die können sie fragen."

„Was ist mit deiner Schwester, Kind?", fragte er, als Jenny herüber humpelte.

Jennys Gesicht wurde blass. Sie schluckte ihre Nervosität hinunter und sagte: „Sie erzählt Lügen, und nachts, wenn wir alle ins Bett gegangen sind, geht sie runter und plündert den Kühlschrank."

„Sie hat einmal die Milch des Babys genommen.", fügte Gertrude hinzu.

Der Reverend konnte nicht anders, als von dem, was er an diesem Tag gehört hatte, enttäuscht zu sein. Sylvia war zusammen mit Stephanie eine der engagiertesten und enthusiastischsten Schülerinnen der kirchlichen Sonntagsschule gewesen. Es war schade, dass sie einen solchen Sinneswandel hatte. Er betete ein letztes Mal für ihre Seele bevor er das Haus verließ, in der Hoffnung, sie vor der ewigen Verdammnis zu retten. Nach den Aussagen Gertrudes klang es ganz danach, als wäre das Mädchen auf dem besten Weg dorthin.

IX
Die Anführerin

ES REICHTE GERTRUDE NICHT, DASS NUR SIE Sylvia hasste; sie sorgte dafür, dass andere es auch taten. Bisher war es ihr gelungen, die meisten ihrer eigenen Kinder gegen das Mädchen aufzubringen. Inzwischen sah Gertrude zum ersten Mal etwas Positives darin, dass Paula ihr Zuhause in einen Treffpunkt für lärmende Teenager verwandelt hatte. Alle netten Kinder aus der Nachbarschaft würden bald Teil von Gertrudes bösem Spiel werden.

Sylvias Anwesenheit in der Schule war sporadisch geworden, immer wieder hatte sie den Unterricht abgebrochen. Mit all den blauen Flecken und ihrem kränklichen Aussehen, aufgrund des ständigen Hungerns, war Gertrude nicht daran gelegen, Sylvia aus dem Haus zu lassen. Da sie nicht in der Schule war, kamen Freunde vorbei, die nach Sylvia sahen. Eine dieser Freundinnen war Anna Siscoe, eine unschuldige und etwas naive Dreizehnjährige, der Sylvia vor ihrem Fernbleiben nahe gestanden hatte.

Mit diesem netten Mädchen fand Gertrude eine weitere Gelegenheit, Sylvia zu quälen. Als Anna vor ihrer Tür auftauchte, fing Gertrude sie ab, bevor Sylvia sie überhaupt begrüßen konnte. „Sylvia hat gesagt, dass deine Mutter für fünf Dollar mit allen möglichen Männern ausgeht.", flüsterte Gertrude. Sie bekam die Reaktion, die sie wollte. Anna war fassungslos.

Als Sylvia sie begrüßte, ohrfeigte Anna sie und trat sie dann. Irgendwie schaffte sie es auch, Sylvias Rücken zu zerkratzen.

Einige der anderen Kinder, die zu diesem Zeitpunkt im Haus anwesend waren, versuchten die Mädchen voneinander zu trennen, aber Gertrude ließ niemanden eingreifen. „Lasst sie ihren eigenen Kampf austragen.", sagte sie ihnen.

Sylvia wollte nicht den Fehler machen, sich zu verteidigen. Bald lag sie am Boden und wand sich vor Schmerzen. Anna trat sie erneut, diesmal direkt in den Bauch. Sylvia stöhnte vor

Schmerz und schrie nach dem Baby, von dem sie überzeugt war, dass sie es in sich trug.

Erst als Anna sich beruhigt hatte, erkannte sie die Wahrheit. Trotzdem sollte es nicht das einzige Mal bleiben, dass Anna dazu gebracht wurde, ihre vermeintliche Freundin anzugreifen.

Prügeleien wurden zu einer Art Spiel für Gertrude. Jemand wurde wütend auf Sylvia wegen etwas, das Gertrude erfunden hatte, schon wurde das unschuldige Mädchen angegriffen. Die anderen, einschließlich Stephanie, machten dann mit. Jeder hatte „Spaß" mit Sylvia". Die Vorstellung von Spaß dieser Jugndlichen beinhaltete das Schlagen, Umwerfen und schließlich das Brandmarken von Sylvia.

Warum wandten sich so viele Teenager, die dem Anschein nach kein großes Interesse an Gewalt hatten, sich gegen ein einzelnes Mädchen? Vielleicht können Johnnys eigene Worte etwas Licht auf die Gewaltbereitschaft werfen, die sich in der 3850 New York Street abspielte.

„Jeder hat Spaß mit Sylvia. Jeder! Wenn du nicht Teil von jenem bist, dann bist du ein Niemand". Wer würde in so einem Haus auffallen wollen? Selbst Jenny wurde von Gertrude überzeugt, ihre eigene Schwester zu ohrfeigen, sonst hätte sich das

Spiel gegen sie gewandt. Das Mädchen soll angeblich ihre schwächere Hand benutzt haben, um den Schmerz zu minimieren.

Die Tage waren ein einziger Wahnsinn. Vor kurzer Zeit noch von zwei oder drei Peinigern gequält, wurde sie nun von einer ganzen Bande von ihnen gefoltert. Manchmal „spielten" bis zu zehn der Nachbarskinder mit ihr, traten sie, schlugen ihr ins Gesicht, drückten Zigaretten auf ihrer Haut aus.

Wut war nicht das Einzige, was dazu motivierte. Besonders die Jungen schienen Sylvia weniger aufgrund vermeintlicher Beleidigungen anzugreifen, sondern einfach nur, einer perfiden Neigung folgend, weil sie es konnten. Niemand bekam Ärger dafür, Sylvia zu verletzen; tatsächlich billigte die einzige Erwachsene im Haus es sogar. So wurde Sylvia zum willkommenen Opfer ihrer Frustrationen und dunklen Begierden.

Sie lachten. Immer lachten sie. Sylvia kroch weg, aber die Geräusche umgaben sie weiterhin wie ein Chor, ihren nie endenden Albtraum begleitend.

Trotzdem hatten nicht alle Baniszewski-Kinder Spaß. Die ununterbrochene Gewalt gegen ihre ehemalige Freundin machte Stephanie zu schaffen, machte sie ängstlich. Sie war die Einzige, die Sylvia neben Jenny als Freundin hatte und mochte es nicht, sie verletzt zu sehen. Es gab Zeiten, in denen sie versuchte einzugreifen, entweder indem sie Paula gefährliche Schlaggegenstände aus den Händen riss oder ihrer Mutter versicherte, jedoch immer vergeblich, dass Sylvia unschuldig sei, dessen sie beschuldigt wurde. Leider merkte Stephanie bald, dass die ganze Sache ihr nur mehr Stress bereitete, als sie bewältigen konnte, denn ihre Ohnmachtsanfälle nahmen zu.

„Kämpfen! Kämpfen! Das ist alles, was wir hier je tun!", jammerte sie eines Abends aus heiterem Himmel. „Ich wünschte, wir würden damit aufhören!"

Gertrude sorgte dafür, Coy Hubbard durch neue Lügen auf den Kummer ihrer Tochter aufmerksam zu machen. Coy, der es nie zuließ, dass seine Freundin respektlos behandelt wurde, suchte schnell Sylvia auf, um sie dafür bezahlen zu lassen.

Es würde nicht lange dauern, bis Gertrude es schaffen würde, auch Stephanie gegen Sylvia aufzubringen.

Als Sylvia ihren ständigen Hunger nicht mehr ertragen konnte, schlich sie nachts aus dem Haus, auf der Suche nach Essen. Inzwischen waren die Schmerzen unerträglich geworden und ließen sie ständig benommen und schwach zurück. Der Mangel an richtiger Ernährung bedeutete, dass die unzähligen

Wunden, die ihren Körper bedeckten, nicht heilten. Sie war zu einer wandelnden Sammlung von blauen Flecken, Verbrennungen und offenen Wunden geworden.

In ihrem verzweifelten Zustand wühlte Sylvia in Mülleimern, klaubte Essensreste heraus und sammelte alle Glasflaschen, die sie finden konnte. Die Flaschen erwiesen sich, da sie diese gegen Geld eintauschen konnte, als gute Möglichkeit, sich eine richtige Mahlzeit zu kaufen. Als sie endlich gegessen hatte, versuchte sie, ins Haus zurückzuschleichen.

Doch als sie durch die Tür trat ,endete das Glück dieser Nacht für sie.

Gertrude hatte bereits mit einigen der Jungen auf sie gewartet. Jenny war auch dabei und sah ängstlich aus, als ob sie bereits eine Ahnung hatte, was diese Bande mit ihrer Schwester vorhatte.

Die Frau hatte etwas Vertrautes in der Hand. Eine Glasflasche für Limonade.

Gertrude bellte sie an, sich auszuziehen, und beschuldigte sie, eine Prostituierte zu sein, während das zitternde Mädchen sich aus ihrer Kleidung schälte. Die Jungen kamen näher und sahen gespannt zu, wie Sylvia unbeholfen an ihrem BH und ihrem Slip nestelte.

Dann reichte Gertrude ihr die Flasche. „Gib ihnen eine Show, du Hure!"

Sylvia konnte kaum begreifen, was ihr zu tun befohlen wurde. Sie starrte auf die Flasche in ihrer Hand und unterdrückte einen Schrei. Um sie herum wurden die Jungen langsam ungeduldig. Gertrude hatte ihnen eine Show versprochen, und wenn sie diese nicht bekämen, würden sie sie wahrscheinlich zwingen, etwas Schlimmeres zu tun.

Aber was könnte demütigender sein als das? Es wurde sogar noch schlimmer durch Jenny`s Anwesenheit , weil Sylvia wusste, dass dies auch eine Strafe für sie war. Und es war alles ihre Schuld. Wenn sie sich nicht herausgeschlichen hätte, wäre die arme Jenny nicht in Schwierigkeiten geraten, weil sie es zugelassen hatte.

„Mach schon!", sagte Gertrude. „Du weißt, dass du es willst. Warum zeigst du deiner Schwester nicht, was für ein Mädchen du wirklich bist?"

Sylvia nahm all ihren Mut zusammen und stellte die Flasche aufrecht auf den Boden. Es gab keine andere Option. Sie schloss die Augen und ging in die Hocke, ihre schmerzenden Beine weit gespreizt, alle konnten ihre Vagina sehen. Mit einer Hand griff sie nach der Flasche und führte den Glashals in ihren Körper ein.

Es war schmerzhaft. Trotz allem, was Gertrude den anderen erzählte, hatte Sylvia so etwas noch nie zuvor getan. Sie hatte nicht einmal mit dem einzigen Freund geschlafen, den sie je hatte. Jetzt war sie hier und zuckte zusammen, als sie versuchte, die Flasche weiter hineinzuschieben. Die Jungen johlten und grölten bei diesem Anblick.

Sie versuchte das Ding zu bewegen, aber das kalte Glas gab kaum nach. Was, wenn es zerbrechen würde, fragte sie sich. Würden sie sie zwingen weiterzumachen?

Die Show ging Gertrude zu langsam voran. Als ihre Forderungen, dass Sylvia etwas Amüsanteres mit sich anstellen sollte, nur mit mehr Tränen beantwortet wurden, nahm die Frau es selbst in die Hand und schlug mit ihrer Handfläche auf den Boden der Flasche, bis diese nicht weiter hineinging.

Vielleicht waren es Sylvias gequälte Schreie, die Stephanies Aufmerksamkeit erregten. Sie eilte in den Raum und stand Auge in Auge der entsetzlichen Szene gegenüber. Stephanie keuchte ungläubig.

Anstatt Mitleid mit Sylvia zu haben, war Stephanie wütend auf sie. Wie konnte sie sich so erniedrigen lassen – und das vor Stephanies eigenem kleinen Bruder! Hatte ihre Mutter die ganze Zeit über Recht gehabt mit Sylvia?

Stephanie schob sich an der weinenden Jenny und den lüsternen Jungen vorbei und schlug Sylvia hart ins Gesicht. „Geh sofort auf dein Zimmer, Sylvia!", schrie sie, während sie versuchte, sie zum Aufstehen zu bewegen.

Das war jedoch ein Problem. Es war unmöglich für sie, so aufzustehen, geschweige die Treppe hinaufzugehen. Die Flasche steckte immer noch in ihr – und Sylvia konnte sie nicht herausbekommen.

Gertrude, verärgert darüber, dass die Show so abrupt beendet wurde, zog die Flasche selbst heraus, auf deren Boden sich eine beachtliche Menge Blut angesammelt hatte.

Danach war die Stimmung zwischen Sylvia und Stephanie noch mehr angespannt.

Es hatte nicht viel Anreiz gebraucht, dass Gertrude sie alle dazu brachte, ihre eigene schmutzige Arbeit zu übernehmen. Schließlich hatte sie es geschafft, dank Paula, eine Beziehung zu ihnen aufzubauen. Gertrude war in den Augen der gewissenlosen Teenager die „coole" Erwachsene, die Mutter ihrer Freundin, bei der sie jederzeit vorbeikommen und unter ihrem Dach rauchen konnten. Sie war weniger eine Mutter als eher eine weitere ihrer Freundinnen. Noch dazu war die Mutter ihre Vertraute. Wann immer Sylvia sie angeblich beleidigt hatte, sorgte Gertrude dafür, sie sofort darüber in Kenntnis zu setzen.

Es war wichtig für Gertrude, das Spiel am Laufen zu halten. In letzter Zeit ließen sie ihr Asthma und ihre Bronchitis zu schwach sein, das Mädchen selbst zu züchtigen, daher war sie froh, so viele Gewillte zu haben, die bereitwillig für sie einsprangen.

Ihre eigenen jungen Töchter, Shirley und Marie, waren genauso bösartig wie die anderen. Als die zwölfjährige Judy Duke Sylvia mit der Lüge konfrontierte, sie eine Schlampe genannt zu haben, sprang Shirley ein und riss Sylvia die Knöpfe von der Bluse, sodass diese vor einer Gruppe Jungen entblößt dastand. Sylvia fiel zu Boden und Anna begann, ihr auf den Bauch zu treten. Als Sylvia wieder anfing, um das Baby zu weinen, das es nicht gab, eilte Judy, die gerade noch so voller Wut gewesen war, mit Übelkeit nach Hause.

Ungefähr zu dieser Zeit tat Paula etwas ziemlich Seltsames. Nach so vielen Abenden, an denen sie Sylvia mit Glasflaschen und Tellern beworfen hatte, schien die schwangere Teenagerin plötzlich einen Sinneswandel zu haben. „Hau ab und bleib weg.", wies sie ihr an und hielt ihr die Hintertür offen. „Verschwinde zu deiner eigenen Sicherheit."

Aber Sylvia ging nirgendwohin. Sie blieb, trotz der Warnungen ihrer bisherigen Peinigerin. Warum lief sie nicht weg? Sicherlich musste sie es zumindest irgendwann in Erwägung gezogen haben, doch warum blieb sie? Die Likens-Mädchen hatten ihre Großmutter in Lebanon und ein anderes Familienmitglied in derselben Stadt. Ihre Schwester Dianna war irgendwo in der Gegend, sie wussten nicht genau wo. Aber es musste doch irgendeine Möglichkeit geben, sie zu kontaktieren. Es gab Angestellte in dem Park, den sie oft besuchten, die sie um Hilfe hätten bitten können. Das Personal an der Arsenal Tech hätte etwas für sie tun können, warum gab Sylvia also praktisch auf?

In Wirklichkeit verbrachte die Teenagerin nun jeden Moment ihres Lebens in völliger Angst. Sie hatte Angst davor, Jenny zurückzulassen oder erwischt zu werden und dadurch schlimmere Strafen als je zuvor zu erleiden. Mangel an Nahrung und Schlaf, kombiniert mit den ständigen Schlägen, ließen sie zu schwach zum Weglaufen werden. In ihren Augen gab es nichts, wohin sie gehen konnte. Sie war im Grunde genommen eine Waise, hoffnungslos gefangen in einer grausamen Alptraumwelt.

Gertrude hatte ihren Geist effektiv gebrochen.

X
Ein Faden der Hoffnung

WENN ES IN GERTRUDES FOLTERHAUS NOCH irgendeine Hoffnung für Sylvia gab, dann kam sie am 5. Oktober. Lester und Betty besuchten die Mädchen wieder und verkündeten freudig, dass es ihr letzter Besuch sein würde. Bei einer Drive-in-Mahlzeit – die Mädchen waren wieder sehr hungrig – teilte Lester noch aufregendere Neuigkeiten mit. Mit dem Ende des Sommers ging auch die Jahrmarkt Saison zu Ende. Er und seine Frau würden in drei Wochen nach Hause zurückkehren.

Drei Wochen. Das war weniger als ein Monat. Drei Wochen mussten sie nur noch aushalten, bevor sie diesen schrecklichen Ort hinter sich lassen konnten. Sie waren jetzt schon drei Monate bei Gertrude, was waren da noch ein paar Wochen?

Sylvia wusste, dass sie für Jenny stark sein musste – und für sich selbst. Ihre Peiniger hatten sie geschlagen und erniedrigt, aber sie wollte wieder richtig leben. Das Ende ihres Albtraums war endlich in Sicht.

Ihre Eltern brachten sie nach dem Essen dann zurück in dieses Horrorhaus. Sie sahen zu, wie ihr Vater Gertrude weitere zwanzig Dollar für die Woche überreichte. Betty gab ihren Töchtern jeweils Schulkleidung, die sie neu gekauft hatte, zusammen mit etwas Extrageld für Schuhe.

Noch drei Wochen! Dann geschieht es.

In drei Wochen würde tatsächlich etwas geschehen. Aber es würde etwas sein, das niemand, nicht einmal Gertrude und ihre unselige Bande von Teenagern, je erwartet hätte.

Am nächsten Tag ging Sylvia mit etwas mehr Hoffnung, weiterzumachen, zurück zur Arsenal Tech. Sie aus dem Haus zu lassen, könnte ein Fehler von Gertrude gewesen sein. Sylvias unregelmäßige Anwesenheit im Unterricht des vergangenen Monats hatte zur Folge, dass die Schulleitung Gertrude bereits mehrmals über das Fernbleiben des Mädchens informierte. Gertrude hatte es jedoch durch Lügen geschafft, abzuwiegeln, indem sie sich selbst als besorgte Betreuerin darstellte, deren Schützling einfach kein Interesse an Ausbildung hatte.

Wenn die Schule Sylvia in ihrem jetzigen Zustand sehen könnte, würden die Alarmglocken läuten. Schließlich hatten einige Nachbarn bereits das seltsame Verhalten des misshandelten Mädchens bemerkt, zum Beispiel, dass sie dabei gesehen wurde, wie sie aus Mülleimern aß. Ein weiterer Nachbar aus ihrer Straße hatte gehört, wie jemand nachts stundenlang schrie. Zum Glück für Gertrude machte sich dieser Nachbar nicht die Mühe, die Polizei zu rufen.

Sylvia würde am siebten nicht zur Schule zurückkehren, auch nicht an einem der folgenden Tage. Gertrude sorgte dafür, sie im Haus zu behalten, wo niemand sie sehen konnte.

Obwohl Sylvia nicht mehr erlaubt wurde, nach draußen zu gehen, um nicht gesehen zu werden, hatte Gertrude etwas weniger Kontrolle darüber, wer hereinkommen und sie sehen konnte. Kurz nach dem Besuch der Likens-Eltern bekamen die Baniszewskis neue Nachbarn nebenan.

Die Vermillions waren eine nette Mittelklassefamilie, obwohl manche das angesichts der Nachbarschaft, in die sie zwangsläufig ziehen mussten, vielleicht nicht erwartet hätten. Die Wahrheit war, dass die New York Street, wenn auch kein Slum, kaum in einer wünschenswerten Gegend lag. Wenn eine neue Familie hier einzog, bedeutete das meistens, dass sie Geldprobleme hatten. Das war sicherlich der Fall bei den Likens und den Baniszewskis, die jeden Monat darum kämpften, die fünfundfünfzig Dollar Miete zu bezahlen. Aber nicht bei den Vermillions.

Sowohl Robert als auch Phyllis Vermillion hatten feste Jobs. Insbesondere Mrs. Vermillion arbeitete Vollzeit in der Abendschicht bei der Radio Corporation of America. Das bedeutete, dass sie eine Vollzeit-Babysitterin für ihre beiden kleinen Kinder brauchte. Sie hatte gehört, dass Mrs. Wright, wie Gertrude sich immer noch nannte, ziemlich viel Erfahrung mit der Betreuung von Kindern hatte.

Mrs. Vermillion war sich nicht sicher, ob sie ihre Kinder einer Fremden überlassen konnte, da die erschöpfte Frau bereits neun Kinder zu versorgen hatte, aber sie ging am nächsten Morgen zu ihr hinüber, um sich vorzustellen. Das, was sie in diesem Haus sehen sollte, würde ihr für lange Zeit in Erinnerung bleiben.

Gertrude war höflich genug sie hereinzulassen, aber Mrs. Vermillion konnte das Gefühl nicht abschütteln, dass ihre Nachbarin angespannt, fast ängstlich wegen ihrer Anwesenheit war. In der Tat war das Haus schmutzig und voller Lärm, unwirtlich. Als Gertrude ihr eine Tasse Kaffee anbot, wollte Mrs. Vermillion nur noch raus aus dieser Wohnung.

Dennoch fand Mrs. Vermillion Mrs. Wright sympathischer, als sie anfangs vermuten ließ. Vielleicht lag es daran, dass es so einfach war, Mitleid mit ihr zu haben. Neun Kinder, darunter vier Teenager und ein weinendes Kleinkind, konnten nicht leicht zu versorgen sein. Sie hatte gehört, dass Mrs. Wright alle möglichen Dinge tun musste, um über die Runden zu kommen, vom Waschen der Schmutzwäsche anderer Leute bis zum Verkauf von Snacks entlang der Autobahn. Ihr Mann, Mr. Dennis Wright, war in der Armee derzeit irgendwo weit weg stationiert. Die Belastung, die all das für sie bedeutete, war deutlich erkennbar. Wenn man ihr gesagt hätte, dass die gebrechliche, hohlwangige Mutter noch keine vierzig Jahre alt war, hätte Mrs. Vermillion es vielleicht nicht geglaubt.

Während sie saßen und plauderten, sah Mrs. Vermillion die Teenager im Esszimmer. Mrs. Wrights zwei Töchter, von denen die ältere offensichtlich schwanger war, wurden von einem weiteren Mädchen begleitet. Das Mädchen war besorgniserregend dürr. Sie saß zusammengekauert, als ob sie versuchte so klein wie möglich zu erscheinen, um nicht weiter aufzufallen.

Als das Mädchen ihr Gesicht hob, war Mrs. Vermillion schockiert, ihr blaues Auge zu sehen.

„Mein Gott, Kind", konnte sie nicht anders als zu fragen, „wie hast du denn dieses blaue Auge bekommen?"

Das Mädchen, sichtlich nervös, gab keine Antwort. Stattdessen schaute sie einfach weg. Die Frage schien auch Mrs. Wright nervös gemacht zu haben. Sie stand auf und stampfte ins Esszimmer. „Geh mir aus den Augen! Verschwinde von hier! Ich will nichts mit dir zu tun haben, Sylvia!", verlangte Mrs. Wright, als das Mädchen eilig davonlief. „Ich hasse dich!"

Mrs. Wright sah zurück zu ihrer neuen Nachbarin. „Das ist Sylvia.", erklärte sie, ihr Ekel dem Mädchen gegenüber war offensichtlich.

Mrs. Vermillion beobachtete, wie Sylvia in die Küche schlich. Dort gesellte sich das schwangere Mädchen zu ihr. Paula, Mrs. Wrights älteste Tochter, drehte den Heißwasserhahn am Spülbecken auf und füllte eine Tasse. Wie aus dem Nichts, völlig unprovoziert, warf sie das dampfende Wasser in Sylvias verfärbtes Gesicht.

Als ob das nicht schon bösartig genug gewesen wäre, nahm das schwangere Mädchen etwas Margarine aus dem Kühlschrank und schmierte die ölige Substanz über Sylvias Körper. Mrs. Vermillion sah in stummem Entsetzen zu. Die Art wie Sylvia aufschrie, ließ ihr das Blut in den Adern gefrieren.

Doch Mrs. Wright – und anscheinend alle anderen Anwesenden im Haus – zeigten darauf keine Reaktion. Ließ diese Frau ihre Kinder einfach tun was sie wollten? Waren sie alle wütend auf Sylvia? Was auch immer sie in deren Augen getan hatte, um eine solche Behandlung zu verdienen, musste es etwas Unsägliches gewesen sein.

Paula reichte Mrs. Vermillion eine Tasse Kaffee. „Ich hab ihr das blaue Auge verpasst.", sagte sie und klang dabei ziemlich stolz auf sich.

Die Frau blickte zurück zu Paulas Mutter, die über das Geständnis ihrer Tochter nicht unzufrieden zu sein schien. Ihre Stimmung änderte sich sofort wieder, als sie Sylvia immer noch im Nebenraum verweilen sah. „Geh schon hoch in dein Zimmer, Sylvia! Los jetzt! Wenn du's nicht tust, bring ich dich um!"

Es war, als würden die Stimmungen der hageren Frau durch einen Schalter gesteuert. Plötzlich war sie wieder ruhig und blickte ihre Nachbarin mit erschöpften Augen an. „Ihre Eltern sind unten im Süden und jagen irgendeinem Jahrmarkt hinterher. Sie ist im dritten Monat schwanger und hatte seit drei Monaten keine Periode! Können Sie das glauben?"

Mrs. Wright schnalzte missbilligend mit der Zunge und schüttelte den Kopf. „Ich weiß einfach nicht, was ich mit ihr machen soll."

Mrs. Vermillion war klug genug, eine andere Babysitterin für ihre eigenen Kinder zu wählen, obwohl sie beschloss, freundlich zu den Baniszewskis zu bleiben. Sie dachte wahrscheinlich, dass Mrs. Wright einfach nur durch zu vieles Arbeiten gestresst und Sylvia eine Unruhestifterin war, da Gertrude es allen so erzählte. Jedenfalls behielten die beiden Frauen im Oktober eine freundliche Nachbarschaftsbeziehung bei.

Schon bald würde Mrs. Vermillion den Baniszewskis einen weiteren Besuch abstatten.

Sie war schockiert, Sylvia diesmal in einem noch schlimmeren Zustand zu sehen. Das Mädchen war teilnahmslos und still, wirkte fast geisterhaft. Jeder sichtbare Teil ihres Körpers war mit bläulichen Flecken übersät. Ihr blaues Auge war entweder nicht verheilt oder sie hatte seit ihrem letzten Besuch ein neues dazu bekommen. Ihre Lippen waren rot geschwollen und sahen aus, als hätten auch sie geblutet.

Was um alles in der Welt ging in diesem Haus vor sich?

Paula, ebenfalls anwesend, musste ihren entsetzten Blick bemerkt haben. „Sie macht nichts als Ärger. Ich musste sie wieder verprügeln." Kaum hatte sie das gesagt, ging sie los, um einen dicken Ledergürtel zu holen.

Diesmal musste Sylvia nicht erst aus dem Raum gejagt werden. Sie stand automatisch auf, als wüsste sie, dass dies bereits Teil einer Routine war. Die beiden Mädchen verließen den Raum, einen Moment später hörte Mrs. Vermillion das unverwechselbare Geräusch von klatschendem Leder auf nackte Haut.

Sie zuckte zusammen. Sie hörte jedoch keine Schreie von Sylvia.

„Geht Sylvia zur Schule?", fragte Mrs. Vermillion.

Mrs. Wright verzog das Gesicht. „Ich musste sie von der Schule nehmen, weil sie eine Diebin ist. Sie hat in der Schule jemandem die Sportsachen geklaut und dann auch die Nachbarn bestohlen. Sie macht uns nur Probleme.", erklärte sie und nahm seufzend einen langen Zug von ihrer Zigarette. Es schien, als würde sie ständig rauchen. „Ich weiß nicht, wie ich es all den Leuten zurückzahlen soll. Ich schätze, ich muss einfach etwas von dem Geld nehmen, das sie verdient hat."

Es ist unklar was Mrs. Vermillion glaubte, aber sie beschloss, sich nicht einzumischen. Manche würden sagen, dass sie einfach versuchte, sich um ihre eigenen Angelegenheiten zu kümmern, dass sie der armen und kränklichen Mrs. Wright keine weiteren Probleme bereiten wollte. Allerdings hatte sie keine Schwierigkeit damit, sich in eine unabhängige Angelegenheit, noch im selben Monat, einzumischen.

Robert Bruce Hanlon war der andere direkte Nachbar der Baniszewskis. Es war spät am 20., als er bemerkte, dass einige seiner Sachen aus dem Keller fehlten. Es dauerte nicht lange, bis er herausfand, wer sie gestohlen haben musste. Die Baniszewski-Kinder! Sie hatten bereits einen schlechten Ruf in ihrer Straße und waren dafür bekannt, die Wäsche direkt von den Wäscheleinen anderer Leute zu stehlen.

Er ging zu ihnen hinüber und klopfte wütend an der Haustür. Eine ebenso verärgerte Gertrude öffnete. Hanlon erzählte ihr von seinen vermissten Gegenständen und dass er wüsste, dass ihre umherstreifende Kinderbande zuvor auf seinem Grundstück herumgeschnüffelt hatte. Sie bestritt die Behauptung und war empört, dass jemand eine solche Anschuldigung über ihre Erziehung machen würde. Die beiden stritten sich auf ihrer Veranda, bis Gertrude zurück ins Haus eilte und die Polizei rief.

Es dauerte nicht lange, bis Gertrude die Polizei davon überzeugt hatte, ihrer Darstellung Glauben zu schenken. Sie argumentierte, dass es stattdessen Hanlon gewesen sei, der sich auf ihr Grundstück geschlichen hatte und sich, kurz bevor sie anrief, in ihrem Keller befunden hatte.

Die Vermillions, die in ihrer Einfahrt saßen, schauten sich aus der Ferne das Schauspiel an.

Wenn Phyllis Vermillion also die Art von Person gewesen war, die sich aus den Angelegenheiten ihrer Nachbarn heraushielt, legte sie dieses Prinzip bereitwillig beiseite, als sie hörte, dass Hanlon, der nicht viel älter als Gertrudes Teenager war, wahrscheinlich fast zwanzig Jahre Gefängnis für den angeblichen Einbruch bekommen würde. Sie trat als Zeugin für ihn auf, stellte den Sachverhalt richtig und sorgte so dafür, dass er nicht beschuldigt wurde.

Warum war Mrs. Vermillion, die mehr als genug Misshandlungen des Mädchens Sylvia gesehen hatte, bereit, in diesem Fall gegen die Baniszewskis auszusagen, doch nicht dazu, für Sylvia einzuschreiten? Es war eine Frage, die sie, ebenso wie eine ganze entsetzte Jury, noch jahrelang beschäftigen würde.

XI

Weitere Verpasste Gelegenheiten

SO FRUSTRIEREND MRS. VERMILLIONS Untätigkeit auch war, sie sollte nicht die einzige Erwachsene bleiben, die ihre Chance verpasste, Sylvia vor dem was nun kommen sollte zu retten.

Seit seinem letzten Besuch hatte Reverend Roy Julian nicht aufgehört, sich um die Baniszewski- und Likens-Mädchen zu sorgen. Stephanie litt immer noch unter ihren zufälligen Ohnmachtsanfällen, und den Gerüchten nach zu urteilen, trieb Sylvia weiterhin ihr Unwesen. Mitte des Monats kehrte er zum Haus zurück, um weitere geistliche Unterstützung anzubieten.

Wieder einmal sorgte Gertrude dafür, seinen gesamten Besuch zu manipulieren. „Sylvia hat in der Schule erzählt, dass Paula ein Baby bekommen würde. Aber ich kenne meine Tochter und ich kenne Sylvia. Paula ist ein gutes Mädchen. Sie wird kein Baby bekommen – Sylvia schon."

„Paula hat mir erzählt, dass sie Hass in ihrem Herzen für Sylvia verspürt.", sagte er zu ihr.

„Paula versucht nur, mir zu helfen.", beharrte Gertrude. „Wenn hier jemand hasserfüllt ist, dann ist es Sylvia."

Der Reverend betete erneut für Sylvia bevor er ging. So besorgt er auch um ihre Seele war, diesmal bat er nicht darum mit ihr zu sprechen. Er hatte das Mädchen nicht mehr gesehen, seit sie abrupt aufgehört hatte, in die Kirche zu kommen. Es war schade, denn sie war zuvor so eifrig gewesen, ihren neu gefundenen Glauben zu verkünden. Hätte er darauf bestanden Sylvia zu sehen, wären die Dinge dann anders verlaufen? Hätte dieser wohlmeinende Prediger nicht nur ihre Seele, sondern auch ihr Leben retten können?

Jedenfalls gab es bald eine Besucherin, die zum Baniszewski-Haus gerufen wurde, um den Gesundheitszustand aller Kinder zu überprüfen.

Die Mutter von Mike Monroe, einem von Sylvias weniger häufig agierenden Peinigern, war zum Baniszewski-Haus gekommen, nachdem sie bemerkt hatte, wie oft ihr Junge dorthin ging. Sie war nicht die einzige Mutter der Nachbarschaftseltern, die zu Besuch kommen wollte, aber sie war die einzige, die weiter bis ins Innere der Wohnung vorgedrungen war. Sie sah den Schmutz in dem die neun Kinder lebten. Und sie sah ein traurig aussehendes Mädchen, dessen Haut mit Striemen und blauen Flecken übersät war. Alarmiert rief sie die Behörden an.

Am fünfzehnten des Monats klopfte eine Frau in weißer Uniform an die Haustür. Ihre Ankunft versetzte Gertrude in leichte Panik, aber sie schaffte es immer wieder, sich in Gegenwart wichtiger Erwachsener zu beherrschen.

„Mrs. Wright?"

„Ja. Kommen Sie herein." Gertrude hielt Dennis Jr. mit einem Arm und wies mit dem anderen nach drinnen. „Kann ich Ihnen helfen?"

Jenny, die im Wohnzimmer saß, war überrascht die Frau eintreten zu sehen. Es war Mrs. Sanders, die Schulkrankenschwester. Mrs. Sanders schenkte ihr ein kurzes Lächeln, bevor sie sich zu Gertrude setzte.

„Ich bin eine öffentliche Gesundheitsschwester. Ich wurde gerufen, um mit Ihnen über Ihre Kinder zu sprechen.", erklärte Mrs. Sanders. „Darf ich sie sehen?"

Das Gespräch verlief anfangs vorsichtig tastend. Es war wichtig für die Krankenschwester, nicht sofort mit den Anschuldigungen die sie gehört hatte herauszuplatzen, da sie während ihres Besuches Kooperation wollte. Sie stellte zuerst andere wichtige Fragen. Die Erkundigung nach Ernährung und Hygiene der Kinder war der Einstieg in das, was sie wirklich hierher gebracht hatte.

„Mrs. Wright, waren Ihre Kinder in letzter Zeit krank?", fragte sie.

„Nein.", antwortete Gertrude nach einer kurzen Pause. „Das waren sie nicht."

„Nun, wir haben einen anonymen Anruf erhalten, in dem es hieß, dass es hier Kinder mit offenen Wunden gäbe."

Gertrude musste jetzt den Druck auf sich gespürt haben. „Nein. Sie können all meine Kinder überprüfen. Nicht eines von ihnen hat irgendwelche Wunden."

„Die Frau die uns anrief meinte, ein Mädchen mit Wunden am ganzen Körper gesehen zu haben.", sagte die Krankenschwester.

Plötzlich wandte sich Gertrude dem Mädchen im Raum zu. Jenny zitterte. „Jenny!", bellte Gertrude. „Geh das Geschirr spülen!"

Jenny gehorchte, wie sie es mittlerweile gelernt hatte und verließ den Raum. Man kann sich kaum vorstellen, wie sich das Mädchen gefühlt haben musste als sie in die Küche ging und jemanden zurückließ, der die Macht hatte, ihre kranke Schwester zu retten.

„Ich weiß, wen Sie suchen. Jennys Schwester, richtig? Sylvia?" Gertrude beugte sich näher zur Krankenschwester. Ihre Stimme war jetzt leiser, fast ein Flüstern. „Sie hat Wunden am ganzen Körper, weil sie sich nicht sauber hält, also musste ich sie schließlich aus dem Haus werfen."

„Warum war das so?"

„Warum? Weil sie eine Prostituierte ist. Deshalb! Sie ist es nicht wert, in diesem Haus zu bleiben!", erklärte Gertrude. „Sie treibt sich mit allen Jungen in der Nachbarschaft herum."

Inzwischen hatte sich Paula zu ihnen auf die Couch gesetzt. „Dieses Mädchen taugt nichts.", fügte sie hinzu.

„Sie hat sogar meine eigenen Töchter als Prostituierte bezeichnet, aber ich sage Ihnen, sie ist die Hure."

Paula nickte zustimmend. „Ja, dieses Mädchen taugt wirklich nichts."

„Wenn Sie sich um sie Sorgen machen, wüssten wir nicht, wo sie jetzt ist. Sie ist seit Tagen nicht hier gewesen." Gertrude wurde ärgerlich. Sie starrte die verwirrte Krankenschwester wütend an. „Wer hat Sie überhaupt angerufen?"

Die Krankenschwester stand auf. Wenn Sylvia wirklich woanders war, gab es wenig Grund für Mrs. Sanders, zu bleiben. Schließlich war Gertrude nicht der gesetzliche Vormund des Mädchens. Es war kein Verbrechen, nicht zu wissen, wohin Sylvia möglicherweise gelaufen war. „Ich weiß es nicht. Es war ein anonymer Anruf. Ich habe ihn nicht entgegengenommen."

Damit war der Besuch schon vorbei. Die Krankenschwester ging und der Fall war für sie abgeschlossen.

Jenny muss von Reue erfüllt gewesen sein, als Mrs. Sanders das Haus verließ. Aber so verängstigt sie auch war, unternahm sie einen gefährlichen Versuch, sich für ihre Schwester einzusetzen. Ungefähr zur gleichen Zeit schrieb sie heimlich einen Zettel, auf dem sie all die Misshandlungen schilderte, die Sylvia durch ihre Betreuer und Nachbarn erlitten hatte.

Es war ein riskanter Zug, und sie wusste das. Seit über einem Monat war Jenny wiederholt gewarnt worden, wenn sie ungehorsam wäre, alles was sie Sylvia antaten, auch ihr antun würden. Wenn Gertrude Jenny erwischte, befürchtete sie, würde sie beide töten.

Aber die Dinge waren schon lange außer Kontrolle geraten. Jenny hatte Angst, dass Sylvia nicht mehr viel Missbrauch ertragen könnte. Mit jedem Tag wurde sie schwächer und schwächer. Jenny musste sie so schnell wie möglich aus Gertrudes Klauen befreien.

Irgendwie schaffte es Jenny, ihrer älteren Schwester Dianna einen Zettel zukommen zu lassen. Leider fiel es Dianna schwer, die unglaublichen Dinge zu glauben, die Jenny geschrieben hatte. Außerdem war sie zu diesem Zeitpunkt bereits mit ihrer bevorstehenden Scheidung überfordert. Sie und ihre Geschwister waren mit Bestrafung durchaus vertraut, denn ihre Eltern hatten sie in der Vergangenheit oft genug mit einem Gürtel gezüchtigt.

In der Überzeugung, dass ihre kleine Schwester übertrieben hatte, warf Dianna den Zettel weg, sobald sie ihn gelesen hatte.

Trotzdem hatte der Zettel etwas in ihr bewirkt. Die Details waren so grausam, so spezifisch gewesen. Ein unschuldiges Mädchen wie Jenny, hätte eine so schreckliche Fiktion nicht erfinden können, es sei denn, es steckte ein kleines bisschen Wahrheit darin.

XII
Der Keller

JOHN SR. BANISZEWSKI VERSUCHTE SEIN BESTES, seiner zweimal von ihm geschiedenen Ex-Frau aus dem Weg zu gehen, aber er liebte seine Kinder. Er gab ihnen was er konnte. Er zahlte Unterhalt, immer wenn er es sich leisten konnte und hatte Gertrude einen alten Gürtel von sich gegeben, um sicherzustellen, dass sie die Kinder richtig erzog. Jetzt hatte er etwas anderes für sie - einen Welpen.

Es war nicht irgendein Welpe. Es war ein Polizeihund, der die Familie sicher beschützen könnte, wenn er ausgewachsen wäre. An einem Oktobernachmittag übergab er das Geschenk seiner

Schar aufgeregter Kinder und machte sich bald darauf wieder auf den Weg.

Gertrude war nicht erfreut darüber, noch ein weiteres Maul stopfen zu müssen. Trotz seiner Behauptung, dass ihr neues Haustier ein Polizeihund sei, war er jung und unausgebildet. Das Einzige, wozu er fähig sein würde, wäre Unordnung zu machen. Der Ort war ohnehin schon schmutzig genug, dachte Gertrude, wegen Sylvia.

Wie auch andere Besucher im Haus der Baniszewskis, wagte sich der ältere John nicht weiter als bis ins Wohnzimmer hinein. Er sah weder den Schmutz und den Dreck, noch den Mangel an Nahrung.Selbst wenn er es gesehen hätte, würde er das Alarmierendste im Haus nicht bemerken, das Gertrude am meisten verbarg.

Sylvia war jetzt nach unten in den Keller verbannt und lag nackt im Dunkeln. Sie war Anfang des Monats von John Sr.'s zweimal geschiedener Ex-Frau dorthin gestoßen worden, als sie nicht aufhören konnte, sich einzunässen. All diese Judo-Würfe und die Tritte in ihren Unterleib hatten ihre Nieren stark geschädigt, sie war inkontinent. Laut späterer Aussagen der jüngeren Kinder, war es Sylvia als Strafe für das Einnässen verboten worden, die Toilette zu benutzen. Gertrude hatte Coy angewiesen, sie festzubinden, so dass Sylvia nicht auf die Toilette gehen konnte, egal wie sehr sie es auch quälte.

Gertrude geriet in Rage, als sie zum ersten Mal das uringetränkte Bett bemerkte, in dem Sylvia und Jenny oben schliefen. Die kleine Marie Baniszewski bemerkte in ihrer fortgesetzten Gerichtsaussage, dass es nicht genügend Betten im Haus gab und dass ein solcherart ruiniertes Bett ihre Mutter einfach auf die Palme gebracht hatte. „Du verdienst es nicht, oben bei den Menschen zu schlafen.", knurrte die Frau, als sie das teilnahmslose Mädchen die Treppe hinunterschleifte und in den dunklen, feuchten Keller stieß.

Jetzt richtete sie ihren Zorn auf Jenny. Das Mädchen sah schweigend zu, wie ihre Schwester die Treppe hinunter verschwand. Gertrude schrie ihr so laut ins Gesicht, dass Jenny sie kaum verstehen konnte. „Warum hast du uns nicht gerufen, als das passiert ist, hä?", forderte Gertrude. Sie deutete zur Tür und verlangte, dass Jenny ging. „Verschwinde sofort von dort, oder du bekommst die gleiche Medizin!"

Jenny musste dadurch in Panik geraten sein. In den letzten Monaten hatte sie miterlebt, wie Sylvia allen möglichen

Quälereien ausgesetzt wurde. Dinge, so schlimm und so böse, wie ihr junger Verstand sie sich niemals hätte ausdenken können. Das Schlimmste von allem war, dass sie sich jetzt fast daran gewöhnt hatte. Aber sie musste es, wenn sie keinen Ärger mit Gertrude und ihren Handlangern bekommen wollte. Hatte Sylvia nicht selbst darauf bestanden, dass Jenny allem zustimmte, was die Frau von ihr verlangte?

Also tat sie was ihr gesagt wurde, aber als sie versuchte den Raum zu verlassen, änderte Gertrude plötzlich ihre Klage. „Warum zum Teufel konntest du nicht aufwachen? Komm schon, beeil dich, verdammt noch mal – und schau nicht so dämlich. Warum hast du dich nie bemüht, aufzuwachen? Hast du es, um Gottes willen nicht gespürt?"

Es hörte nie auf. Die ständige Flut verbaler Grausamkeit, die Sticheleien, das Mobbing – irgendwie trug Gertrude es immer in sich. Selbst wenn sie so krank und schwach war, dass sie kaum atmen konnte, schaffte es diese Frau noch immer, ihren Hass zu verbreiten. Ihre Worte bewegten sich durch die Luft wie eine Art Infektionskrankheit, die alle im Haus verrückt machte. Von Sonnenaufgang bis Sonnenuntergang. Es machte sogar Jenny manchmal verrückt.

„Ich hab nie erwartet, dass diese dreckige, lausige Sylvia aufwacht. Von Montag bis Freitag auch nur eine verdammte Sache bemerkt. Aber du hättest es sagen sollen, Jenny. Denn wenn du es von jetzt an nicht sagst, wird es auch genauso deine Schuld sein!"

Jenny entschuldigte sich. Es war zu einem Reflex geworden, etwas, das ihr Körper einfach tat, ohne dass sie darüber nachdenken musste. „Nächstes Mal.", murmelte sie. „Nächstes Mal sag ich's bestimmt."

„Es wird kein nächstes Mal geben. Von jetzt an werden wir diese Schlampe im Keller behalten, bis sie stubenrein ist. Jetzt hilfst du Stephanie, diese Matratze in den Flur zu tragen. Und sieh zu, dass du dich zusammenreißt und hör auf zu flennen, sonst verprügele ich dich auch noch."

Alle Augen waren auf Jenny gerichtet, als sie sich abmühte, Stephanie beim Anheben der Matratze vom Boden zu helfen. Das Ding war unmöglich schwer. Die kräftigere Stephanie konnte es kaum alleine aufrecht halten. Jenny, mit ihrem schwachen Bein und ihrer Angst, war wenig hilfreich. Schließlich bekam sie doch einen Halt an der Matratze, indem sie ihre Fingernägel in die nasse Oberfläche grub. Nach ein paar weiteren gescheiterten

Versuchen, sie aus dem Zimmer zu bekommen, schoben sie und Stephanie die Matratze in den Flur. Später würde jemand anderes sie die Kellertreppe hinunterschleifen, damit Sylvia darauf schlafen konnte.

Der Welpe wurde kurz nach John Sr.'s Abreise ebenfalls nach unten gebracht, weit aus Gertrudes Sichtbereich entfernt. In dem Zustand, in dem Sylvia sich zu diesem Zeitpunkt befand, bemerkte sie ihn wahrscheinlich nicht einmal.

Die einzige menschliche Gesellschaft die ihr erlaubt war, kam wenn sie schmutzig geworden war, dass Gertrude es nicht mehr ertragen konnte. Paula, oft unterstützt von Coy Hubbard, Ricky Hobbs oder John Jr., packten dann Sylvia an Armen und Beinen und trugen sie nach oben. Gertrude hatte in der Zeit die sie dafür brauchten, die Badewanne mit kochend heißem Wasser gefüllt.

Manchmal tauchten sie das hilflose Mädchen unter, andere Male ließen sie das Wasser über ihren Kopf und ihr Gesicht laufen, eine subtile Weise die eiternden Wunden zu behandeln, die sich an ihrem Kopf geöffnet hatten. Sylvia würde weinen, aber das war für Gertrude nicht amüsant genug.

Wenn das Bad vorbei war, nahmen Paula und die Jungs abwechselnd Salz und rieben es über Sylvias nackten schwieligen

Körper. Es brachte sie zum Schreien, was dann viel mehr nach Gertrudes Geschmack war.

Bei einer Gelegenheit wurde Sylvia ohnmächtig bevor das Bad vorbei war. Gereizt packte Gertrude sie an den Haaren und schlug ihr Gesicht gegen die Seite der Wanne. Sie ohrfeigte sie mit all ihrer schwachen Kraft, aber es reichte nicht aus, sie zu erwecken.

Gertrude nahm den Paddel und schlug Sylvia mehrmals ins Gesicht. Das brachte das Mädchen wieder zu Bewusstsein. Sie schrie, und einer der Jungs eilte herbei, um sie zu knebeln, bis sie nicht mehr schreien konnte.

Sie verbrannten Sylvia mit allem was sie hatten: mit heißem Wasser, Zigaretten, Bügeleisen. Alles war erlaubt, solange es ihr wehtat. Danach rieb Gertrude sorgfältig Alkohol oder andere Medizin in die Wunden des Mädchens. In den Augen der Frau machte dies den Missbrauch, den das Mädchen erlitten hatte, wieder gut.

Sylvia, die seit ihrer Ankunft in diesem Haus nur selten eine richtige Mahlzeit zu sich nehmen konnte, lebte nun von einer Diät aus Wasser und Keksen. Manchmal, wenn ihre Peiniger sich besonders großzügig fühlten, brachten sie eine Schüssel Suppe herunter und erlaubten ihr, diese mit den Händen zu löffeln. Wenn sie zu lange brauchte, nahmen sie ihr die Suppe wieder weg.

Zu den grausamsten Qualen jedoch gehörten jene, die Sylvias geliebte kleine Schwester betrafen. So widerstrebend es Jenny auch gewesen sein musste, an Gertrudes Plänen teilzunehmen, inzwischen gab sie nach. Sie tat es jetzt ständig, ohne zu klagen. Die Fähigkeit, ihre Gefühle abzuschalten, erwies sich in Gertrudes Haus als unschätzbar wertvoll; es erlaubte ihr, sich anzupassen und unsichtbar zu werden.

Aber sie konnte sich nie völlig darauf einlassen. Es gab immer noch Momente, in denen sie riskierte, in große Schwierigkeiten zu geraten, weil sie Sylvia half, obwohl diese Fälle immer seltener wurden. Jenny wußte, dass sie es dennoch versuchen musste. Nachts, wenn die Nachbarn nach Hause gegangen waren und alle anderen ihr kärgliches Abendessen gegessen hatten, schlich Jenny mit Essenresten in den Keller. Meistens waren es Kekse, das Beste was ihr zur Verfügung stand. Einmal hatte sie versucht, ihr eigenes Abendessen für Sylvia aufzuheben, aber das war kein leichtes Unterfangen, da nur noch ein Löffel übrig war, den sie alle abwechselnd benutzen mussten.

Ob Gertrude diese heimlichen Besuche im Keller je bemerkte? Man könnte sich ihre Wut dabei vorstellen. Natürlich wäre die ganze Schuld auf Sylvias Schultern gelegt worden; Gertrude redete immer wieder davon, wie gierig das Mädchen war, so hinterhältig und manipulativ. „Schwein", war nur eine der vielen Beleidigungen, die Gertrude ihr täglich an den Kopf warf.

Die Erinnerung an jenen ersten schlimmen Tag, die Folge einer verspäteten Zahlung, war noch frisch in ihrem Gedächtnis. Jenny erinnerte sich, wie sie mit ihrer Schwester nach oben gebracht wurde und sich beide dann, mit heruntergelassener Unterwäsche, über dem Bett nach vorne beugen mussten. Das Holz des Paddels brannte bei jedem Schlag auf ihrem nackten Körper. „Ich habe mich umsonst um euch zwei Schlampen gekümmert!" Gertrudes Stimme übertönte ihr Weinen. Wer hätte gedacht, dass eine so kränkliche Frau zu so etwas fähig wäre.

Schläge auf den Hintern waren leicht zu ertragen. Sie waren vielleicht zu leicht, jetzt, wo Gertrude so viel Schlimmeres getan hatte.

Diese Kekse. Wenn Jenny das wenige Essen, das sie alle hatten, an ihre nichtsnutzige Schwester verschwenden wollte, überlegte sich Gertrude, das zu ihrem Vorteil zu nutzen. Was als

Nächstes geschah, wurde später vor Gericht von Jenny selbst erzählt:

„Ich ging wieder nach oben und Gerty sagte mir, ich solle Sylvia sagen, dass sie noch eine Chance hätte, dass sie einen Keks bekommen könnte und ich sehen sollte, ob sie ihn und etwas Wasser nehmen würde. Shirley holte einen Becher Wasser und ich einen Keks. Doch Sylvia sagte: ‚Ich will es nicht, gib es dem Hund. Er ist hungriger als ich.' Ich sagte: ‚Ich weiß, dass du hungrig bist.' Sie sagte, sie wolle es nicht. Ich wusste, dass sie in Schwierigkeiten geraten würde. Shirley schüttete ihr das Wasser in den Mund und Sylvia trank es. Shirley rannte zu ihrer Mutter und sagte, sie hätte das Wasser getrunken. Sie konnte es nicht abwehren, weil ihre Hände gefesselt waren. Gerty kommt in den Keller und sagt: ‚Du weißt, dass du kein Wasser haben solltest.' Sylvia sagte: ‚Ich wollte es nicht, aber Shirley hat mich gezwungen, es zu trinken.' Gerty ballte ihre Faust und schlug sie ihr immer wieder in den Magen."

Ein gemeiner Trick. Sylvia schien das sofort zu wissen. Sie würde bestraft werden, weil sie das verbotene Essen angenommen hatte, und sie würde bestraft werden, weil sie diese seltene Geste der Großzügigkeit von Gertrude ablehnte. Warum also hatte Jenny mitgemacht? Das jüngere Mädchen erklärte, sie sei einfach in den Keller gegangen, um Zeit mit ihrer Schwester zu verbringen, ein unschuldiger und routinemäßiger Besuch. Schließlich hatte Sylvia Schmerzen gehabt, seit einer der Jungen sie wieder gefesselt hatte. Gertrude sah eine Gelegenheit, beide Mädchen zu brechen und ergriff sie.

Es schien keine Grenzen für die Boshaftigkeit zu geben, der Sylvia ausgesetzt war. Irgendwann in der letzten Woche von Sylvias Leben, hatte Gertrude eine besonders teuflische Idee. Sie erinnerte sich daran, wie „gierig" Sylvia im August gewesen war, als sie im Park ein ganzes Sandwich aß, während die Kinder der Baniszewskis hungern mussten. Ihr wurde klar, dass sie das Mädchen dafür nie richtig bestraft hatte. Während sie im Keller stand, rief sie nach Johnny. „Hol etwas Scheiße!", befahl sie.

Er brachte prompt eine volle Windel von Dennis Jr. und stopfte deren Inhalt in Sylvias Mund. Dann ersetzte er Sylvias kleine Wasserration durch einen Becher voll Urin. Als das Mädchen die Exkremente nicht schlucken konnte, schmierten sie ihr einfach die Windel und den Urin ins ganze Gesicht. Als die Tortur vorbei war, wurde sie mit einem halben Becher Wasser „belohnt". Das war alles, was sie den ganzen Tag über trinken durfte.

Wahrscheinlich gab es einen kleinen Teil in ihr, der sich nach dem ekligen Hot Dog von vor Monaten sehnte, einschließlich der zweiten Portion.

Sylvia war inzwischen schwer krank, ihre Inkontinenz wurde immer schlimmer. Es überraschte sie, als Gertrude ihr noch eine „zweite Chance" gab, wieder oben bei den anderen leben zu dürfen. Alles was sie dafür tun müsste, war, eine einzige Nacht durchzuhalten, ohne das Bett nass zu machen. Natürlich gab es einen kleinen Haken: Sylvia müsste dem Drang, zu urinieren, widerstehen. Es würde ihr nicht erlaubt sein, zur Toilette zu gehen. Um dies sicherzustellen, ließ Gertrude Sylvia an die Bettpfosten fesseln.

Es war nicht so, dass Sylvia es nicht versuchen wollte, aber zu diesem Zeitpunkt war sie vor Unterernährung schon halb von Sinnen. Sie durfte immer noch kein Essen bekommen, aber Jenny sollte es riskieren, ihr ein wenig Wasser zu bringen. Vielleicht eine leichtsinnige Idee, aber wer könnte es einem hungernden Kind verübeln, dass es irgendetwas wollte, das den Schmerz in seinem Bauch lindern könnte?

Am nächsten Morgen war das Bett mit Urin durchnässt, Gertrude verbannte Sylvia umgehend wieder in den Keller.

Ihre Strafe diesmal beinhaltete eine weitere Vorführung mit einer Glasflasche.

XIII
Die Tätowierung

Es ist unklar, wann genau der vierzehnjährige Richard Hobbs anfing, im Haus der Baniszewskis ein und aus zu gehen. Der von allen Ricky genannte Junge war genauso aufgedreht wie der Rest seiner Teenagerfreunde, trotz der strengen moralischen Lehren, die er so oft von seinem disziplinarischen Vater, Woodrow Hobbs, erfuhr. Aber der Junge war nicht unbedingt ein Freund von Paula, Stephanie oder gar Johnny. Später würde er vor der Polizei angeben, dass seine Freundin im Haus der Baniszewskis, Gertrude war.

Jene Saison war nicht nur für Sylvia die Abenddämmerung ihres Lebens, denn in einem nahegelegenen Krankenhaus verlor Rickys Mutter, Juanita, ihren Kampf gegen den Krebs. Mit einer todkranken Mutter, einer Schar von Geschwistern und einem Vater, der so oft bei der Arbeit war, wandte sich Ricky an Gertrude. Tatsächlich war der Junge einer der häufigsten Besucher der Baniszewskis und schaute nach der Schule einmal, manchmal sogar zweimal am Tag, bei ihnen vorbei.

Angesichts der Umstände von Rickys eigener Familiensituation, hätte man erwarten können, dass seine Bindung zu Gertrude in einer Sehnsucht nach einer Mutterfigur wurzelte. Die Wahrheit war jedoch wesentlich skandalöser.

Gertrude mochte ihre Männer jung. Es war für sie einfacher, ihre Krallen in einen unerfahrenen Jugendlichen zu schlagen, als in einen erwachsenen Mann. Eine ältere Frau, die bereit war, sich hinzugeben, war ein Sirenenruf für die Neugierigen und Ahnungslosen. Aus diesem Grund hatte sich Dennis Wright so lange an ihrer Seite gehalten, aber sie machte viele Fehler bei ihm.

Ihr ehemaliger Lebensgefährte war ein Erwachsener und hatte vor ihr schon Frauen gekannt. Ricky Hobbs hingegen hatte noch nie eine Freundin gehabt.

Es ist unbekannt, was genau, wenn überhaupt, Gertrude mit Ricky tat. Bekannt ist, dass sie für den Jungen mindestens einmal einen Striptease aufführte und dass Ricky nun bereit und willig war, alles zu tun, worum Gertrude ihn bat. „Das ist genau wie im Fox Theatre in der Innenstadt.", soll sie gesagt haben, als sie eines Nachmittags für Ricky und Coy ihre Bluse aufknöpfte. Sie entblößte ihren BH und zeigte ihren knöcherigen Bauch, während sie im Zimmer herumtanzte.

Am Wochenende, kurz vor Sylvias Tod, fuhr Gertrude für einen Arztbesuch quer durch die Stadt. Als sie nach Hause kam, war Ricky bereits da. Gertrude freute sich ihn zu sehen. Sie hatte sich in der Zeit, in der sie an diesem Morgen weg gewesen war, ein neues Spiel ausgedacht.

Als Gertrude Sylvia rief, nach oben zu kommen, war Ricky schockiert, das Mädchen in einem solch schrecklichen Zustand zu sehen. Es war ein Wunder, dass sie, am Körper über und über mit Verbrennungen und Blutergüssen bedeckt, überhaupt allein die Treppe hochsteigen konnte.

„Weißt du, wie man eine Tätowierung macht, Ricky?", fragte Gertrude.

„Ja.", antwortete der Junge. „Ich denke schon."

Die Frau wandte sich mit hasserfülltem Blick Sylvia zu. „Weißt du, was eine Tätowierung ist, Sylvia?"

„Ja, gnädige Frau." Sylvias Stimme war heiser und schwach, praktisch ein Flüstern.

In diesem Moment kam Marie herüber. Sie reichte ihrer Mutter eine Nähnadel.

„Nun denn!", sagte Gertrude und hielt die Nadel gegen das Licht. Sie zündete ein Streichholz darunter an und ließ das Metall heiß werden. „Du hast meine Töchter gebrandmarkt, also werde ich dich jetzt brandmarken." Sie blickte wieder zu Ricky. „Sie ist eine Prostituierte und sie ist stolz darauf, also werden wir das auf ihren Bauch schreiben."

Als Nächstes befahl sie Sylvia, sich auszuziehen. Als das Mädchen sich nicht schnell genug ausziehen konnte, riss Gertrude ihr die verschmutzte Kleidung vom Leib. Sie setzte sich vor sie und ritzte das Wort „Ich" direkt in ihre Haut.

Jenny sah zu, wie Sylvia sich vor Schmerzen wand. Das ältere Mädchen knirschte mit den Zähnen und schüttelte den Kopf von einer Seite zur anderen, aber sie schrie nicht.

Den Rest des Satzes überließ sie Ricky. Sie meinte, dass sie sich unwohl fühle, bevor sie dem Jungen die Nadel übergab.

„Warte!", fragte er sie. „Wie schreibt man Prostituierte?"

Gertrude schrieb das Wort für ihn auf, bevor sie in ihr Zimmer ging. Es schien, als hätte die Tortur sie erschöpft, obwohl sie so aufgeregt gewirkt hatte. Bevor sie zu Bett ging, trug sie Jenny einen Botengang auf. Das tat sie oft wenn sie nicht wollte, dass Jenny sah, was mit Sylvia gemacht wurde.

Der Willen des jüngeren Mädchens war gründlich gebrochen, sie wagte es nicht, Gertrude zu widersprechen. Jenny tat wie ihr geheißen und ging zum örtlichen Lebensmittelgeschäft, mit gerade so viel Geld in der Tasche, um ein Brot zu kaufen. Sie beeilte sich trotzdem, so sehr sie konnte. So hilflos sie auch war, sie mochte es nie, Sylvia allein mit diesen Leuten dort zu lassen.

Ohne Jenny in der Nähe, sah Ricky die Chance, die Brandmarkung noch ein wenig lustiger für sich zu gestalten. Er nahm ein weiteres Streichholz und hielt es an die Spitze der Nadel, teils um sie zu sterilisieren, teils um die Brandmarkung für Sylvia so schmerzhaft wie möglich zu gestalten.

Aber Sylvia ging es inzwischen so schlecht, dass sie nicht einmal weinte oder schrie. Sie war zu diesem Zeitpunkt zu dehydriert, um Tränen zu produzieren. Als Ricky die Botschaft in ihre Haut brannte, konnte sie nur die Zähne zusammenbeißen. Ricky wurde ärgerlich, dass sie sich, unter Schmerzen windend, zu viel bewegte und schlug ihr ein paar Mal auf die Brust.

Jenny kehrte weniger als eine halbe Stunde später aus dem Laden zurück und ging in Richtung Küche. Es war ziemlich voll in dem Raum: Gertrude, Paula, Johnny, Shirley und Marie saßen alle am Tisch, als hätten sie auf sie gewartet. Weiter hinten im Raum sah sie Ricky, noch immer mit der Nähnadel in der Hand, über ihrer Schwester stehen.

Sylvia bekam eine kurze Verschnaufpause von der Demütigung, als Randy Lepper erschien. Gertrude fand es zu skandalös, dem zwölfjährigen Randy Sylvia wieder nackt zu zeigen, also befahl sie Ricky, Jenny und Marie, sie wieder nach unten zu bringen und anzuziehen.

Ricky fand einen Schürhaken und hatte eine noch bessere Idee. Er bat Marie das Metall aufzuheizen, wie sie es mit der Nadel gemacht hatten, aber die Flamme war zu klein. Da beschloss das kleine Mädchen den Ofen zu benutzen und etwas Papier anzuzünden, das funktionierte gut genug …

Bald darauf brachten sie Sylvia wieder nach oben, um Randy ihr Werk zu zeigen. Der jüngere Junge, der nicht so oft bei den Baniszewskis gewesen war, schien etwas verwirrt über Sylvias unzählige Wunden.

„Was ist mit ihr passiert?", fragte er.

Gertrude höhnte. „Sie ist gerade von einer Sex-Party zurückgekommen."

Randy fand es lustig. Er lachte immer, wenn sie Sylvia Schlimmes antaten. Er würde noch Monate später vor einem Richter über die Erinnerungen an ihre Folter lachen, aber für den Moment verlor er das Interesse und beschloss, nach Hause zu gehen.

Das Brandmarken ging kurz nach Randys Verschwinden weiter. Diesmal ersetzte Shirley Marie als Rickys Assistentin. Sie kamen auf die Idee, den Buchstaben ´S`, für den Namen Sylvia, direkt über die derbe Botschaft einzubrennen. Sie beschlossen, dass es am einfachsten wäre, eine Brechstange dafür zu erhitzen.

Die Brechstange hatte an einem Ende die Form eines Halbkreises. Zweimal angewendet, würde es ein S ergeben. Allerdings wurde Shirley verwirrt und setzte die Stange falsch an, als sie an der Reihe war. Das ʹSʹ endete als hässliche rote Drei.

Jedenfalls war Gertrude von dem Ergebnis begeistert. „Schau dich an, Sylvia.", sagte sie zwischen Lachern. „Was willst du jetzt machen? Du weißt, dass du nicht heiraten kannst."

„Das stimmt.", antwortete Sylvia.

Gertrude lachte. „Du kannst dich nicht mehr vor einem Ehemann oder irgendjemandem ausziehen, weil das auf deinem Bauch sein wird. Kein Mann wird dich mehr wollen. Was wirst du tun?"

Sylvia konnte nur mit den Schultern zucken. „Es gibt nichts, was ich tun kann. Es ist jetzt da."

„Du bist stolz darauf?", fragte Gertrude.

„Nein.", antwortete sie schwach.

Später an diesem Tag erhielt Sylvia ihre übliche Misshandlung in Form von Schlägen durch Coy und Paula, bevor sie ins Bett gehen durfte. Jenny, die jetzt verzweifelt besorgt war, beschloss das Risiko einer Bestrafung einzugehen und ging nach unten, um etwas Zeit mit ihrer Schwester zu verbringen. Sie sahen sich jetzt immer weniger. Gertrude hasste es, sie zusammen zu sehen und versuchte ständig, sie zu trennen.

Wie viel länger sollten sie das noch ertragen? Wann würden ihre Eltern zurückkommen? Spielte es überhaupt noch eine Rolle ob sie es taten? Es war ja nicht so, als hätten Lester und Betty sie nie besucht. Beide waren in den letzten Monaten mehrmals in Gertrudes Haus gewesen. Alle taten so, als wäre alles normal und Sylvia würde nicht täglich grundlos Höllenqualen durchleben. Wie konnten sie das nicht sehen, fragten sie sich. Wie konnten sie nicht sehen, wie abgemagert und verängstigt ihre Mädchen waren, wie gezwungen ihr Lächeln und ihr Lachen war? Oder ihren offensichtlichen Hunger? Sylvias blasse Haut und ihre schwarzen Augen?

Aber es war nicht fair, die ganze Schuld auf ihre Eltern zu schieben. Viele Erwachsene waren ins Haus gekommen, niemand hatte etwas bemerkt. Gertrude beschrieb die Schwestern dann als kleine Schlampen, billige und schmutzige Mädchen.

Jenny beobachtete, wie ihre Schwester sich leicht auf der schmutzigen Matratze bewegte, so wie man es tut, wenn man versucht, es sich bequemer zu machen. Sie blickte auf das Brandmal am Bauch ihrer Schwester und fragte sich, ob so etwas wie Normalität für Sylvia überhaupt noch existierte. Es wäre vielleicht hilfreich, sie von dieser Realität abzulenken.

Glückliche Erinnerungen. Es gab immer etwas Gutes zwischen all dem Schlechten, selbst jetzt. Jenny erinnerte sich an den Jahresanfang, wie anders alles doch war, während sie quer durchs Land reisten und im sonnigen Long Beach, Kalifornien, lebten. Es war nur für ein paar Monate, aber war es nicht voller Spaß gewesen?

Erinnerte sich Sylvia an den Jungen den sie dort getroffen hatte? Natürlich. Sie musste sich erinnern. Er war ihr erster Freund gewesen, ihr erster *Fast*-Freund.

Die Schwestern kicherten.

Kalifornien war eine ganz andere Welt als Indiana. Es war warm, selbst als sie im Januar 1965 zum ersten Mal dort ankamen. Sie waren bis zum Frühling dort gewesen, vielleicht bis Mai. Ja, es war Mai, als sie abreisten. Sie wussten es, weil sie sich daran erinnerten, Ostern mit ein paar Mädchen gefeiert zu haben, mit denen sie sich angefreundet hatten. Alle trugen ihre besten Kleider und hatten ein Foto vor einer Kirche gemacht.

Es schien so lange her zu sein, als wäre es das Leben von jemand anderem. Wo war dieses Foto jetzt? Vielleicht würde es Sylvia aufheitern, es zu sehen. Oder vielleicht würde es die Dinge nur schlimmer machen.

Jenny konnte nicht anders, als sich zu fragen, wo ihre kalifornischen Freunde jetzt waren. Dachten diese Mädchen jemals an sie? Vermisste dieser Junge Sylvia?

Dieser Junge. Gertrude war so wütend geworden, als Sylvia das eine Mal von ihm erzählt hatte. Jetzt dachten alle, Sylvia sei eine Hure, weil Gertrude diese Beziehung einfach verleumdete. Jetzt würden alle Erinnerungen an diesen Jungen für immer befleckt sein, hässlich und beschämend.

Gertrude ließ es so klingen, als wäre es eine Sünde für Sylvia, glücklich zu sein, als wäre es eine Sünde für sie, irgendetwas anderes als Scham zu empfinden. Sylvia bewegte sich erneut. Ihre Bewegungen waren langsamer geworden und ihr Atem mühsamer.

„Jenny ...", sprach Sylvia schwach. „Ich weiß, du willst nicht, dass ich sterbe, aber ich werde sterben. Ich kann es spüren."

Panik stieg in Jennys Brust auf. Das war das erste Mal, dass Sylvia etwas so Beängstigendes sagte. Sie hatte nicht einmal gerne über ihre Schmerzen gesprochen, bevor es so schlimm geworden war. Der Gedanke, dass sie aufgeben könnte, brachte Jenny zum Weinen.

„Nein, stirb nicht!", sagte Jenny leise. „Bitte."

XIV
Das Ende Naht

GERTRUDE WURDE UNRUHIG. DIE DYNAMIK IM Haus veränderte sich. Es ging langsam, aber es war so offensichtlich, dass sogar die Kinder es bemerkten. Sylvia entglitt ihnen – nicht nur körperlich, sondern auch geistig.

Später würde einer der Nachbarjungen sagen, dass die Folter zu diesem Zeitpunkt langweilig wurde. Sylvia war jetzt so schwach, dass sie kaum noch auf das reagieren konnte, was sie ihr antaten. Eine der wenigen Dinge, die sie jetzt noch amüsierten, war das „Behandeln" ihrer Wunden. Einige der Kinder hatten so einen Aufstand wegen der eitrigen Wunden an Sylvias Kopf gemacht, die sich zu infizieren drohten, dass Gertrude schließlich etwas dagegen unternahm. In einem der Schlafzimmer im Obergeschoss gossen sie und Paula abwechselnd Reinigungsalkohol in Sylvias Wunden. Als der Alkohol ausging, rieben sie Salz in die Schnittwunden an ihren Beinen und Knien.

Es machte Spaß, das Mädchen wieder schreien zu hören. Der Schmerz war so stark, dass Sylvia ohnmächtig wurde und den größten Teil ihrer „Behandlung" bewusstlos blieb. Das erzählten sie zumindest Jenny.

Aber selbst das wurde bald langweilig.

Wenn Gertrude je wirklich gehofft hatte, Sylvia zu töten, hätte sie nicht erwartet, dass deren Ende so schnell kommen würde. Am 24. Oktober, dem Tag vor Sylvias Tod, versuchte die Frau verzweifelt, einen Plan zu schmieden. Sylvia hatte gerade einen seltenen Fluchtversuch unternommen, aber sie war inzwischen so schwach, dass Gertrude keine Mühe hatte, sie aufzuhalten. Das bedeutete, Sylvia wusste, dass bald etwas Schlimmes passieren würde, Gertrude wusste es auch.

Tatsächlich war es ursprünglich Gertrudes Idee gewesen, Sylvia aus dem Haus zu schaffen und sie endgültig loszuwerden. Es war etwas, das sie schon seit einiger Zeit als Option in Betracht gezogen hatte, aber erst als Sylvia immer schwächer wurde, beschloss sie, diesen Plan in die Tat umzusetzen.

Und warum sollte sie das Mädchen nicht loswerden wollen? Schließlich ging Sylvia ihr gehörig auf die Nerven. Wenn sie nicht gerade während der Foltersitzungen schweigend durchhielt, heulte und schrie sie sich die Seele aus dem Leib. Zweifellos würden die Vermillions nebenan wieder misstrauisch werden und ihr noch mehr Ärger bereiten.

Laut späteren Zeugenaussagen gab es tatsächlich zwei Versuche, Sylvia loszuwerden. Die Details über den ersten Ausflug sind spärlich, obwohl Jenny glaubt, dass er noch am Abend, drei oder vier Tage vor dem Tod Sylvias, stattfand. Gertrude befahl Jenny, nach oben zu gehen. Das Mädchen ging, hörte aber noch einen Teil von Gertrudes Gespräch mit Johnny. Sie sagte ihrem Sohn, er solle Sylvia irgendwohin bringen, wo er sie dann verlieren könnte, wie in eine Gasse oder einer Straße weit weg vom Haus.

Johnny ging tatsächlich mit Sylvia weg, aber zu seiner Mutter Ärger kam er nicht allein zurück. Sylvia, die sich in einem verwirrten, delierenden Zustand befand, hatte es irgendwie geschafft, ihm zu folgen. Sie wurde dafür, wenig überraschend, bestraft.

Mehr Ärger. Mehr unnötiger Stress. Gertrudes Gesundheit war so schon schlecht genug, ohne dass Sylvia ihr zusätzlich Kopfschmerzen bereitete. Als sie später einige verschmutzte Lappen im Haus fand, verlangte sie, dass das Mädchen sich zeigen sollte. Dies war der zweite Versuch.

„Ich bin hier, Gertie.", sagte Sylvia mit schwacher Stimme. Es kam von unten aus dem Keller, dem Ort, wo sie jetzt die ganze Zeit gehalten wurde. Sie war zur Strafe für irgendetwas Belangloses, das sie früher getan hatte, an die Matratze gefesselt. „Nein, ich war es nicht. Ich habe die Lappen nicht nassgemacht. Kann ich jetzt auf die Toilette gehen?"

Das brachte Gertrude in Rage. Selbst jemand wie Sylvia hätte es besser wissen sollen, als solch eine dumme Frage zu stellen. Sylvia war zur Strafe für das Einnässen der Matratze verboten worden, die Toilette zu benutzen. Es war beschlossen, dass sie es nicht verdiente, die Toilette oben in der Wohnung zu benutzen, bis sie bewies, dass sie es verdiente – ein aussichtsloser Kampf. Jetzt hatte sie auf Gertrudes Sachen uriniert und besaß die Frechheit, sich vom Keller aus herausreden zu wollen?

Gertrude rief Jenny zu sich. Es war schon spät und das jüngere Mädchen trug bereits sein Schlafzeug. Das spielte für

Gertrude keine Rolle. „Geh nach oben und zieh dich wieder an!", befahl sie. „Du und Johnny werdet Sylvia die Augen verbinden und sie dann zu Jimmys Wald bringen und dort aussetzen."

Gertrude reichte ihr ein Stück Stoff und sagte, sie solle es um den Kopf ihrer Schwester binden, sobald sie sie nach oben gebracht hätten. Johnny war bereits unten dabei, Sylvias Fesseln zu lösen.

Es war ein riskanter Schritt. Aber Gertrude wusste, dass es schwieriger sein würde sie zu beschuldigen, wenn Sylvia tot in der Wildnis gefunden würde, als im Haus. Trotz der Tatsache, dass Jimmys Wald, der sich innerhalb weniger Meilen von der East New York Street befand, eher einem leeren Grundstück als einem echten Wald ähnelte. In dem Versuch, alle Eventualitäten abzudecken, ließ sie Sylvia, die gerade noch so bei Bewusstsein war, eine Notiz schreiben, in der sie eine Geschichte von einem Unglück erzählte.

Sie weihten Sylvia nicht in ihren Plan ein, aber sie hatte genug mitgehört – wie hätte sie auch nicht, bei der Art wie Gertrude immer herumschrie? Sie begriff, dass sie dort draußen ganz allein zum Sterben zurückgelassen werden sollte. Es war eine erschreckende Aussicht, selbst nach allem, was sie hier durchgemacht hatte. Sie konnte es nicht zulassen.

Wenn man sie so dringend loswerden wollte, dann sei es eben so. Sylvia sammelte die wenige Kraft, die sie noch hatte, stand auf und humpelte so schnell sie konnte zur Haustür, in Richtung Freiheit. Wohin würde sie gehen? Das spielte keine Rolle. Alles was zählte war, dass sie die Schwelle von dieser Hölle hier drin zur Welt dort draußen überschritt. Sobald sie die Straßen erreicht hätte, könnte sie darüber nachdenken. Sie könnte um Hilfe rufen oder zu einem Nachbarhaus gehen. Vielleicht könnte sie zur Arsenal Tech gehen und einen Lehrer finden. Sie könnte Dianna finden. Sie könnte durch die Straßen der Innenstadt laufen. Es spielte keine Rolle.

Alles was zählte war, dass sie von diesen schrecklichen Menschen wegkam.

Für einen Moment waren alle überrascht. Sylvia hatte immer noch einen gewissen Selbsterhaltungstrieb.

Sie stolperte durch die Haustür und schaffte es bis zur Veranda, spürte die Abendluft kalt auf ihrer Haut.

Noch bevor sie einen weiteren Schritt machen konnte, riss Gertrude sie an den Haaren herum. „Komm zurück! Du gehst nirgendwohin!", schrie sie. Sie packte Sylvias Arm und schaffte es trotz ihrer eigenen Schwäche, sie mit solcher Kraft ins Haus zu ziehen, dass Sylvia halb über den Boden geschleift wurde.

Aber warum? Warum zwang Gertrude sie zum Bleiben, wenn sie sie doch gerade eben noch so eifrig rauswerfen wollte? Sie hasste Sylvia so sehr, dass der Gedanke, ihr nachzugeben und ihr die Würde zu lassen, auf eigenen Wunsch zu sterben, für sie inakzeptabel war. Wenn Sylvia raus wollte, dann verbot Gertrude es. Es war nur dann eine gute Idee gewesen, als sie dachte, es würde dem Mädchen Angst machen.

Wie konnte sie es wagen? Gertrude kochte vor Wut. Wie konnte Sylvia es wagen, sie zu täuschen, hilflos und krank zu spielen und dann zu versuchen, zu verschwinden? Sie änderte den Plan, dass Mädchen loszuwerden. Sie gab ihr keine Möglichkeit, den einfachen Ausweg nehmen zu dürfen..

Vielleicht könnte sie das Mädchen noch etwas länger vom Sterben abhalten, wenn sie ihr endlich etwas zu essen gab. Währenddessen konnte sie sich etwas anderes ausdenken. Nachdem sie sie in die Küche gezogen und an den Tisch gesetzt hatte, machte sie Sylvia zwei Scheiben Toast. Sylvia führte den Toast an ihren geschwollenen Mund und versuchte abzubeißen, ein- oder zweimal zu kauen, doch dann hing ihr Mund nur schlaff geöffnet. Das matschige Essen fiel heraus. „Ich kann nicht schlucken.", sagte Sylvia.

Diese undankbare Göre. Wie kann sie es wagen, diesen Akt der Großzügigkeit abzulehnen? Wütend nahm Gertrude eine Metall Vorhangstange von der Wand und schlug damit auf Sylvias Gesicht ein, bis sie an beiden Enden verbogen war. Sylvia weinte diesmal nicht. Sie sackte nur auf ihrem Sitz zusammen.

Sylvia murmelte etwas, aber die Mundverletzungen machte es schwer, sie zu verstehen.

Die Küche sah plötzlich anders aus. War es schon immer so dunkel? Jemand sollte das Licht anmachen.

Der Abend des 24. wurde von einem Besuch von Coy Hubbard geprägt. Er war nach der Arbeit vorbeigekommen, um noch etwas „Judo zu üben", obwohl sein Training irgendwie darin bestand, Sylvia mit einem Besen bewusstlos zu schlagen.

Das ging bis weit in die Nacht hinein.

„Ich werde dich aus meinem Haus kriegen!", schrie Gertrude. „Du wirst verdammt nochmal aus meinem Haus verschwinden!"

Irgendwie konnte Sylvia, die aus dem Keller geholt worden war, immer noch stehen. Sie sah ihre Schwester Jenny an. „Es wird dunkel ...", sagte sie. „Ich kann nichts mehr sehen. Alles wird schwarz. Alles."

Dann brach sie zusammen.

„Holt mir heißes Wasser!", schrie Gertrude. „Etwas heißes Wasser wird diese Schlampe schon aufwecken!"

Dieser Befehl war an sie gerichtet, das wusste Jenny, aber sie bewegte sich nicht. Sie konnte sich nicht bewegen, selbst wenn sie es wollte. Alles was sie tun konnte, war zuzusehen, wie Sylvia sich auf dem Boden wand. Die Augenlider ihrer Schwester flatterten, ihre Arme tasteten unstet umher, sie versuchte sich wieder aufzurichten. Selbst jetzt, selbst als sie im Sterben lag, versuchte sie noch immer, Gertrude zu gehorchen. Aber es war zwecklos, sie sank immer wieder auf den Boden zurück.

Gertrude holte sich das heiße Wasser selbst. Sie stand über Sylvia und schüttete ihr eine Tasse davon voll ins Gesicht, was sie so erschreckte, dass sie fast wieder auf die Beine kam.

Fast. Trotz größter Anstrengung hatte Sylvia einfach nicht mehr die Kraft, aufzustehen. Sie fiel wieder um, wobei ihr Kopf auf Jennys verletzten Fuß schlug.

Es ist schwarz. Alles wird schwarz ...

Gertrude zog Sylvia zurück auf einen Stuhl und holte darauf ihr Lieblingspaddel aus Holz. Sie schlug zu, verfehlte das Mädchen als es wieder umfiel, aber der Schwung sorgte dafür, dass Gertrude sich selbst ins Gesicht traf. Der Schmerz ließ sie für einen Moment benommen sein. „Ich glaube, mein Kiefer ist gebrochen ...", sagte sie zu sich selbst.

Wütend und beschämt befahl Gertrude Jenny, ins Bett zu gehen und bis zum Morgen nicht herauszukommen. Aber vorher sollte sie Paula holen. Zögernd bewegte sich Jenny langsam in Richtung Treppe. Ein Gefühl völliger Hilflosigkeit lastete auf ihr. Das Letzte was sie wollte, war, Sylvia in einem so schlechten Zustand mit Gertrude allein zu lassen – aber sie tat es. Das sollte sie für den Rest ihres Lebens bereuen.

Es war schon nach Mitternacht, als Jenny ins Bett ging. Was auch immer Gertrude und Paula mit Sylvia machten, ging noch ein paar Stunden weiter.

Am Morgen des 25., versuchte Jenny ihre Schwester zu füttern, doch mit ähnlichem Ergebnis. Sylvia hatte so lange gehungert, dass ihr Körper inzwischen die Nahrung ablehnte. Ihr Mund war von Misshandlungen geschwollen und ihre Lippen waren aufgebrochen. Es war schwierig, ihr auch nur Wasser in den Mund zu füllen.

Es muss spät sein. Es sieht aus wie Nacht in diesem Raum. Der ganze Ort sieht so dunkel und kalt und leer aus, wie ein böser Traum. Warum macht niemand das Licht an?

Als Gertrudes zwei Versuche, Sylvia Milch zu geben, ebenfalls scheiterten, schlug sie ihr ins Gesicht und beschloss, dass es Zeit für einen anderen Ansatz wäre. Wenn das Mädchen unter ihrem Dach sterben würde, konnte Gertrude jetzt nur noch die Schuld auf jemand anderen abwälzen.

Aber zuerst dachte sie, sollten sie Sylvia säubern. Da sie auch keine Kontrolle mehr über ihre Ausscheidungen hatte, vegetierte das Mädchen in ihrem eigenen Schmutz. Johnny zog sie aus, dann schüttete Gertrude Wasch- und Spülmittel über Sylvias schlaffen Körper. Mit einem Gartenschlauch, den sie sich von der Familie Lepper geliehen hatten, versuchten sie, den Schmutz von Sylvia abzuwaschen.

Es ist so dunkel.

Stephanie kam an diesem Abend nach Hause und war entsetzt von der Szene, die sich ihr darbot. Sie stellte den Schlauch ab und versuchte sie nach oben zu tragen, um sie dort richtig zu baden, fand sich aber außerstande, das Gewicht des Mädchens alleine zu tragen.

Sylvia hörte auf sich zu bewegen. Sie reagierte überhaupt nicht mehr und Stephanie konnte keine Atmung bei ihr feststellen. Mutter und Tochter gerieten in Panik.

Hobbs fand beide weinend vor, als er kurz darauf zu Besuch kam. Sie waren erleichtert, als er eine doch sehr schwache Atmung bei Sylvia feststellen konnte und sie das Bewusstsein wiedererlangte. Stephanie befahl Johnny, ein warmes Bad einzulassen, während sie und Ricky den erschlafften Körper nach oben trugen.

Sylvias nasser Körper rutschte aus Rickys Griff und ihr Kopf schlug auf die Kellertreppe, was sie fast wieder bewusstlos machte.

Die ihnen folgende Gertrude wurde hysterisch. „Sie tut nur so!"

Sie schlossen Gertrude aus dem Badezimmer aus und ließen Sylvia eine Weile im warmen Wasser ausruhen. Sie hatte ihre Augen ein wenig geöffnet und kämpfte darum, wach zu bleiben. „Ich ... ich wünschte, mein Papa wäre hier.", stöhnte sie. Stephanie strich ihr das Haar zurück und ließ sie weinen.

Als das Bad vorbei war, wickelten sie das Mädchen in eine warme Decke und legten sie auf ein Bett.

„Sie ist eine Simulantin! Sie tut nur so!", kreischte Gertrude von außerhalb des Zimmers. Sie stürmte herein, ein Buch in der Hand und warf es Sylvia an den Kopf. „Schaut! Es geht ihr gut! Simulantin!"

„Raus hier!", schrie Stephanie. Ricky schaffte es, sie wieder nach draußen zu bugsieren.

Sylvias geschwollene Augen trafen, müde blickend, wieder Stephanies Blick. Sie gab ein leises Wimmern von sich. „Oh, Stephanie, bring mich nach Hause ..."

Dann hörte sie auf zu atmen, ... es war endlich vorbei ...

XV

Eine Schockierende Szene

ES WAR RICKY HOBBS, DER DIE POLIZEI RIEF. DA es im Haus der Baniszewskis kein Telefon gab, mussten sie zur nächsten Tankstelle eilen, um deren Telefon zu benutzen. Es war schwer zu sagen, wann Hilfe eintreffen würde.

Falls sie gehofft hatten, dass zu diesem Zeitpunkt noch etwas für Sylvia getan werden konnte, wurden sie enttäuscht.

Als die Polizei im Haus der Baniszewskis eintraf, war Sylvia bereits tot.

Officer Melvin Dixon war einer der ersten Beamten am Tatort. Er hatte den Anruf kurz vor sieben Uhr abends über das

Funkgerät seines Streifenwagens erhalten, am Ende eines ansonsten ereignislosen Tages. „Mögliches totes Mädchen untersuchen!", war alles, was der Auftrag besagte. Der Mangel an weiterer Information ließ Dixon vermuten, dass ein schrecklicher Unfall passiert war. Nichts konnte ihn auf den Tatort vorbereiten, den er stattdessen vorfinden würde.

Als Dixon fragte, was passiert sei, setzte Gertrude die Miene einer besorgten Pflegerin auf und erzählte von Sylvias angeblichen wilden Eskapaden und ihrer Vorliebe für Orgien und „Sex-Partys". In ihrer Version der Ereignisse war Sylvia mit einer Gruppe jugendlicher Krimineller abgehauen. Nachdem sie ihren Spaß mit ihr gehabt hatten, legten sie das zerschundene Mädchen in Gertrudes Garten ab.

Sylvia war zu Gertrude zurückgekommen, schwer verprügelt und halbnackt, ihre vernarbten Brüste entblößt. Bevor sie ihren Verletzungen erlag, hatte das Mädchen ihr, der Pflegerin, eine Notiz für ihre Eltern übergeben:

„Herr und Frau Likens,

Ich bin mitten in der Nacht mit einer Gruppe von Jungen mitgegangen. Und sie sagten, dass sie mich bezahlen würden, wenn ich ihnen etwas geben würde, also stieg ich ins Auto ein und sie bekamen alle, was sie wollten, und sie machten es und machten es und als sie fertig waren, schlugen sie mich zusammen und hinterließen Wunden in meinem Gesicht und am ganzen Körper.

Und sie schrieben auch auf meinen Bauch: Ich bin eine Prostituierte und stolz darauf.

Ich habe so ziemlich alles getan, was ich konnte, nur um Gertie wütend zu machen und Gertie mehr Geld zu kosten, als sie hat. Ich habe eine neue Matratze zerrissen und darauf gepinkelt. Ich habe Gertie auch Arztrechnungen verursacht, die sie wirklich nicht bezahlen kann, und Gertie und alle ihre Kinder zu Nervenwracks gemacht. Ich habe ihr an einem Tag 35,00 Dollar für ein Krankenhaus gekostet und würde nichts im Haus tun. Ich habe alles getan, um Dinge zu tun, die die Dinge aus dem Weg räumen, um die Dinge für sie schlimmer zu machen."

So seltsam es auch war, das war alles, was die Polizei in diesem Moment zur Verfügung hatte. Dass alle im Haus Gertrudes Geschichte bestätigten, machte sie nur noch glaubwürdiger. Außerdem, wer, außer Kriminellen, wäre in der Lage, einem Teenager-Mädchen solche Brutalität zuzufügen? Die Polizisten waren zu diesem Zeitpunkt viel mehr damit beschäftigt, sich um das Opfer zu kümmern. Sie achteten kaum darauf, all die kleinen, bizarren Details des Briefes zu überprüfen, wie das Fehlen einer Unterschrift sowie die Tatsache, dass Sylvia ihre eigenen Eltern so förmlich ansprach.

Weit entfernt von den Schrecken der East New York Street plauderte Dr. Arthur Paul Keber nach dem Abendessen mit den Mitgliedern der Gehobenen Gesellschaft des Staates. Es war eine kleine, aber angenehme Zusammenkunft in einem Hotel am 26. Oktober, die kurz vor acht Uhr abends unerwartet von einem Hotelpagen unterbrochen wurde. Der Page informierte Dr. Keber über eine Nachricht von der Vermittlungsstelle der Medizinischen Gesellschaft. Sie brauchten seine Expertise – im Haus einer zweifelhaften Gegend hatte sich ein Verbrechen ereignet.

Dr. Keber, der stellvertretende Gerichtsmediziner von Indianapolis, traf etwa eine Stunde später am Tatort ein. Die Atmosphäre des Hauses war sofort schwer, dick vor Spannung und Furcht. Nachdem die Beamten fertig waren, Fotos vom Tatort zu machen, begab sich Dr. Keber zum eigentlichen Opfer. Es war zwar die Rede vom Keller gewesen, aber er wurde nach oben in eines der Schlafzimmer geführt.

Dem Doktor war es nicht fremd, Anblicke von Gewaltausübungen sehen zu müssen. Er war Gerichtsmediziner, davor war er Oberleutnant in der US-Armee während des Zweiten Weltkriegs. Er kannte den Tod, verstand ihn gut, doch obwohl er über die Vorkommnisse im Haus der Baniszewskis informiert worden war, konnte ihn nichts auf den schrecklichen Anblick vorbereiten, der ihn in diesem Zimmer erwartete.

In dem dunklen, düsteren Raum lehnte eine Matratze an der Wand. Ein knochiges Mädchen war darauf platziert worden, anscheinend achtlos, denn die Hälfte ihres Körpers hing herab.

Dr. Keber trat näher. Ein starker übler Geruch stieg in seine Nase. Er sah, dass die Matratze verschmutzt war, an mehreren Stellen mit Urin durchtränkt und anderen Fäkalien verkrustet. Einige der Flüssigkeiten schienen schon älter, da sie entsprechende Flecken hinterlassen hatten. Ein Hund, so verstand er, war in diesem Haus gehalten worden, aber diese Lebensbedingungen waren nicht einmal für ein Tier geeignet.

Sie waren sicherlich nicht geeignet für ein menschliches Wesen, für das Mädchen, das tot vor ihm lag.

„Als ich sie zum ersten Mal sah", berichtete Dr. Keber später vor Gericht, „waren ihre Hände über ihrer Brust gefaltet."

Bevor er mit der Untersuchung beginnen konnte, vergewisserte er sich, dass er einen guten Blick auf das Gesicht des Mädchens bekam. Es war wichtig, dass er sie später auf Fotos wieder erkennen konnte – was angesichts ihres augenblicklichen Zustands keineswegs leicht war. Es könnte schwierig sein, solch geschundene Gesichtszüge mit dem Foto einer lebenden Person zu vergleichen.

Er würde der erste Fachspezialist sein, der den Körper des toten Mädchens begutachtete. Es war offensichtlich, dass sie nach ihrem Tod von anderen bewegt und behandelt worden war. Dies hatte mehrere Gründe.

Der erste war die Kleidung. Sie trug eine weiße Caprihose und eine Bluse. Der Arzt bemerkte, dass ihr Haar feucht war. Obwohl ihre Umgebung vor Schmutz strotzte, war Sylvia selbst es nicht. „Die Kleidung war überraschend sauber, im Gegensatz zu den anderen Umständen im Raum.", erklärte er später. „Die Kleidung sah frisch aus, als wäre sie kürzlich gewaschen und dieser Person angezogen worden."

Eine wichtige Unterscheidung. Sylvia war angezogen worden. Sie hatte sich nicht selbst bekleidet.

Der zweite Grund war ihre Positionierung. Es war unwahrscheinlich, dass sie in der Position gestorben war, in der sie gefunden wurde: halb von der Matratze hängend, mit über der Brust gekreuzten Armen. Dies schien nachträglich arrangiert zu sein. Als die Arme des Mädchens zur Seite bewegt und die Bluse angehoben wurden, bot sich den Ermittlern der erschreckender Anblick auf ihren abgemagerten Oberkörper. Schockierende, erniedrigende Worte waren in ihre Haut gebrannt worden:

ICH BIN EINE PROSTITUIERTE UND STOLZ DARAUF

Keber sah, dass die Verletzungen sehr zahlreich waren. Er würde jede einzelne untersuchen müssen. Nachdem er den Todeszeitpunkt geschätzt hatte. Er hob den Körper vorsichtig an und erschrak, wie leicht er war. Sie war ziemlich dünn und es schien, als würde sie fast nichts wiegen.

Ihre Gliedmaßen waren steif, vollkommen steif. Er bemerkte, dass der Körper beim Anheben nicht in der Hüfte abknickte, sondern vollkommen starr blieb. Die Totenstarre hatte schon vollständig eingesetzt. Als Nächstes überprüfte er die Körpertemperatur und stellte fest, dass jegliche Wärme fehlte. Der

Bauch war normalerweise einer der letzten Körperteile, der kalt wurde, aber das Mädchens fühlte sich nur noch kalt an..

Sie war schon eine Weile tot. Mindestens ein paar Stunden, schätzte er.

Keber setzte seine Untersuchung fort und notierte alle Verletzungen, die Sylvias gesamten Körper bedeckten. In anderen bisherigen Fällen war dies ein relativ geradliniger Prozess. Viele der Toten, die er sah, waren erschossen, erstochen oder von Autos angefahren worden. Das waren natürlich schreckliche Arten zu sterben, aber es waren Formen von Gewalt, die er verstehen konnte, die er begreifen konnte.

Was er an diesem Körper sah, verwirrte ihn. Es gab mehr Spuren, als er bei dieser oberflächlichen ersten Betrachtung zählen konnte. Er würde alle anderen entdecken, sobald der Körper ins Marion County General Hospital transportiert und eine Autopsie durchgeführt worden war. Hier sind nur einige seiner Feststellungen:

Er fand mehrere Schnitte und Prellungen, darunter eine große an der rechten Seite ihres Kopfes nahe der Schläfe, die frisch aussah. Darüber hinaus Läsionen an den Wangen und am Kiefer, Hautpartien, die wahrscheinlich durch heißes Wasser erodiert waren, wobei er anmerkte, dass auch eine ätzende Substanz wie WC-Reiniger verwendet worden sein könnte, Schäden an ihrer Vagina, insbesondere den Schamlippen, die geschwollen und „extrem aufgedunsen" waren, und über hundert Einstichstellen am ganzen Körper, von denen einige so tief waren, dass sie fast den Knochen erreichten.

Er kam zu dem Schluss, dass dies nicht einfach das Werk gewöhnlicher Krimineller war. Das musste das Werk eines extrem Wahnsinnigen gewesen sein. Wer auch immer es war, er wusste, dass es sich um eine sehr gefährliche Person handeln musste.

Kebers Gedankengang wurde unterbrochen, als er das Schlafzimmer verließ und von der Dame des Hauses angesprochen wurde, einer angespannt wirkenden Frau, die von der Polizei als Mrs. Wright benannt wurde. Sie wollte ihn ins Wohnzimmer führen, vielleicht um ihn nach dem zu fragen, was er gesehen hatte, aber er kam ihr mit seinen eigenen Fragen zuvor.

„War dieses Kind in Ihrer Obhut?", fragte er.

„Ja.", antwortete sie.

„Nun, dann muss ich fragen, warum Sie nicht früher um Hilfe gerufen haben. Sie hätten zumindest einen Arzt rufen sollen."

„Dachte nicht, dass ich das müsste. Ich hab nicht viel Geld, verstehen Sie. Außerdem", erklärte sie, „hab ich das Mädchen schon selbst behandelt – ich hab sogar ein paar Erste-Hilfe-Sachen für sie gekauft."

„Haben Sie das?"

Sie nickte. „Jawohl. Ich hab Alkohol und Medikamente auf sie getan."

Keber dachte einen Moment darüber nach. Die Schnitte und Läsionen sahen alle sauber aus, selbst die frischeren. Es gab kein sickerndes Blut, aber auch keine Spur von Salbe oder Medikamenten. Es hätte Sinn ergeben, dachte er, wenn sie kürzlich gebadet worden wäre, obwohl es nicht weniger frustrierend war zu wissen, dass möglicherweise dadurch Spuren beseitigt worden waren.

„Was ist mit dem blauen Auge?", fragte er. „Wissen Sie, woher sie das hat?"

Dr. Keber würde sich später daran erinnern, dass Mrs. Wright zwar eine Antwort auf diese letzte Frage gab, er sich ihre Antwort aber leider nicht eingeprägt hatte. Möglicherweise hielt er das, was sie sagte, nicht für besonders wichtig. Er fand diese Frau seltsam. Sie war offensichtlich nervös und etwas gedankenlos, da sie dieses arme Mädchen ohne angemessene Hilfe hatte leiden lassen, aber es gab trotzdem keinen Grund, etwas anderes zu vermuten. Zu diesem Zeitpunkt gingen er und die Strafverfolgungsbehörden noch davon aus, dass Sylvia durch die Handlungen einer Gruppe von Kriminellen gestorben war.

Als er das Haus der Baniszewskis verließ, nahm er an, dass dies das letzte Mal war, dass er Mrs. Wright und ihre Kinder sehen würde. Er sollte sich irren. Zu diesem Zeitpunkt war Jenny, die für Nachbarn Laub geharkt hatte, bereits ins Haus zurückgekehrt. Sie war verzweifelt und besorgt. Einige Polizisten waren noch am Tatort. Jemand hatte sie bereits über das traurige Schicksal ihrer Schwester informiert.

Kurz darauf kam Paula nach Hause und erfuhr die Neuigkeiten. „Das ist nicht dein Ernst!", sagte sie.

Paula holte ihre Bibel. Bevor Jenny weiter reagieren konnte, nahm Paula ihre Hand. „Das musste so passieren.", sagte sie zu ihr. „Wenn du bei uns leben willst, Jenny, werden wir dich wie unsere eigene Schwester behandeln."

Jenny fiel es schwer, während einer kurzen Befragung die Fassung zu bewahren. Gertrude war in den Raum gekommen. Jenny hatte immer noch zu viel Angst vor ihr, um der Geschichte der Frau zu widersprechen. Sie behauptete sogar, ihre Schwester sei mit einigen Jungen weggelaufen und tagelang verschwunden gewesen, nur um zurückzukehren, als sie am Rande des Todes stand ...

Als die Polizisten jedoch im Begriff waren zu gehen, spürte einer von ihnen ein Zupfen an seinem Ärmel. Jenny schaute ängstlich, mit weit geöffneten Augen zu ihm auf. „Holt mich hier raus!", flüsterte sie. „Und ich werde euch alles erzählen."

Die Polizei gelang es schnell, Diannas Adresse zu finden. Dort würde Jenny bleiben, bis sie ihre Eltern kontaktieren konnten.

Was Mr. und Mrs. Likens betrifft, so hatten sie diesen schrecklichen Anruf erhalten, während sie in ihrem Hotelzimmer in Florida tief und fest schliefen. Sie mussten sich von einem Freund Geld leihen, um sich das Flugticket zurück nach Indiana leisten zu können. Sie weinten, als sie auf dem Polizeirevier, zur Identifizierung, Sylvias geschundenen Körper sahen.

In den darauffolgenden Tagen fand Sylvias Beerdigung statt. Während der kommenden Monate sollte ein Strafprozess stattfinden, wie ihn der Staat Indiana noch nie zuvor gesehen hatte.

XVI
Die Wahrheit kommt ans Licht

DR. CHARLES R. ELLIS HATTE IN SEINER Karriere schon einige schreckliche Dinge gesehen. Mit fast dreihundert kriminaltechnischen Autopsien, unter seiner Expertise, war der junge Pathologe mit den Auswirkungen von Gewalt auf den menschlichen Körper bestens vertraut. Doch der Körper dieser ermordeten Teenagerin war etwas, was er zuvor noch nie gesehen hatte. Die schiere Brutalität dieses Verbrechens bildete eine Klasse für sich.

Zusätzlich zu den Schnitten, Verbrennungen, blauen Flecken und Stichwunden, die Dr. Kebel zuvor festgestellt hatte, wurden während der Autopsie weitere beunruhigende Verletzungen entdeckt. Der Zustand ihrer Lippen war von besonderem Interesse. Ellis würde die Details vor Gericht folgendermaßen schildern:

„...bei der Untersuchung der Lippen waren diese stark zerrissen und im Wesentlichen zerfetzt, außer an der Stelle direkt unter dem rechten Vorderzahn. Dieser Zahn fehlte. Das war die einzige Stelle, an der die Lippen nicht zerfetzt waren.... Diese Risse oder Zerreißungen der Lippe, erstreckten sich an einigen Stellen vollständig von der äußeren bis zur inneren Oberfläche. Das deutete für mich darauf hin, dass die Verstorbene auf ihrer Lippe gekaut hatte."

Sylvia hatte diesen oberen rechten Zahn in ihrer frühen Kindheit verloren. Sie hatte damals mit ihrem kleinen Bruder Benny, Jennys Zwilling, aus Spaß gerauft beim Spielen und ihr Zahn war dabei versehentlich ausgeschlagen worden. Die Lücke zwischen ihren Zähnen verunsicherte sie beim Heranwachsen und beeinflusste die Art, wie sie lächelte. Ein vorsichtiges, schmallippiges Grinsen wurde zu einer ihrer charakteristischen Eigenheiten.

Fast alle ihre Fingernägel waren nach hinten gebogen, wahrscheinlich in einem verzweifelten Versuch, an etwas -

vielleicht sich selbst, zu kratzen. Die einzige Ausnahme bildete der mittlere Fingernagel ihrer linken Hand. Dieser war komplett abgerissen worden.

Ihre Unterernährung war mehr als offensichtlich, bevor Dr. Ellis nur einen einzigen Schnitt zur inneren Untersuchung ihres Körpers machen mußte. Sie hatte so viel Gewicht verloren, dass ihre Knochen, insbesondere ihr Becken, deutlich hervorstanden. Die Leber war sichtbar geschädigt und hatte sich gelb verfärbt. Andere Organe, wie ihre Nieren und ihr Gehirn, waren ebenfalls in einem schlechten Zustand.

Ihre Vagina war noch immer rötlich entzündet, obwohl festgestellt wurde, dass sie nicht von einem Mann sexuell missbraucht worden war, da keine Spermien gefunden und keine Penetration stattfand. Ellis entdeckte ein großes Hämatom – eine Ansammlung von Blut, welches sich außerhalb der Blutgefäße im Gewebe gesammelt hatte – an ihrer linken Schamlippe, eine Verletzung, die auf ein stumpfes Trauma im Genitalbereich hindeutete. Der Vorfall mit der Sodaflasche war zu diesem Zeitpunkt noch nicht bekannt geworden. Sie war natürlich nicht schwanger.

Letztendlich wurde festgestellt, dass die Todesursache ein subdurales Hämatom war, einer Ansammlung von Blut innerhalb des Schädels und um das Gehirn herum, verursacht durch ein Kopftrauma, das zu einem erhöhten intrakraniellen Druck führte. Das wurde für ihn offensichtlich, als er die Schädeldecke entfernte und einen massiven Bluterguss auf der linken Seite des Gehirns feststellte. Ellis bemerkte, dass „ … das Blut frisch erschien, ungeronnen, noch von eher roter Farbe…", was bedeutete, dass die Verstorbene diese Verletzung wahrscheinlich zwei bis drei Tage vor ihrem Tod erlitten hatte.

Weitere Faktoren wie Schock, durch zahlreichen Verletzungen und Unterernährung, hatten wahrscheinlich ebenfalls zum Tod des Mädchens beigetragen.

Anderenorts förderte die Strafverfolgung, dank Jennys geflüsterter Bitte, endlich die Wahrheit ans Licht. Ricky Hobbs, der bereits zu Bett gegangen war, wurde von der Polizei geweckt und zu ihrem Hauptquartier gebracht. Dort schloss sich Gertrude ihm an. In der Zwischenzeit wurden alle Kinder der Baniszewskis in ein Jugendzentrum gebracht, wo sie während des Prozesses in Gewahrsam bleiben würden.

Ohne Gertrudes Manipulation war Ricky offener mit der Wahrheit beim Verhör. Er gab zu, ein Freund von Gertrude zu sein und an der Tätowierung, dem Brandmarken und einigen der zugefügten Schläge beteiligt gewesen zu sein. Er hatte diese Dinge getan, weil ihm gesagt wurde, er solle es tun, behauptete er. Und er tat es nur, weil Gertrude eine vertrauenswürdige Erwachsene war, also musste sie gewusst haben, was das Beste sei.

Es wurde schnell klar, dass Gertrude stärker involviert war, als sie die Strafverfolgungsbehörden zunächst glauben ließ. Während sie befragt wurde, ließen sie Ricky aufgrund seiner Diabetes auf die Krankenstation eines örtlichen Krankenhauses verlegen. Dort würde er die Zeit der nächsten Monate an sein Bett gekettet verbringen. Nur für seltene Anlässe, wie den Besuch bei seiner sterbenden Mutter und später die Teilnahme an ihrer Beerdigung, durfte er hinaus. Juanita Hobbs starb, ohne je von den kriminellen Aktivitäten ihres Sohnes erfahren zu haben.

Während Ricky, unter Druck seines Vaters, ehrlicher aussagte, leugnete Gertrude weiterhin jede Beteiligung. Zuerst versuchte sie ihre üblichen Methoden, um Mitgefühl zu erzeugen. Sie behauptete, sie sei zu krank und schwach gewesen, um genau zu wissen, was die Kinder wirklich mit Sylvia gemacht hatten. Dann meinte sie, dass sie zwar wusste was passierte, aber zu schwach war, um an dem Missbrauch teilzunehmen oder ihn gar zu verhindern. Aber sie habe versucht, Sylvia zu „behandeln", indem sie Alkohol auf ihre Wunden rieb. Widerwillig gab sie zu, Sylvia gezwungen zu haben, im Keller zu schlafen, da sie nachts ständig ins Bett urinierte. Sie gestand auch, einmal zu Johnny gesagt zu haben, er solle etwas Scheiße holen und Sylvia zwingen, es zu essen.

Schließlich, um die Verantwortung von sich zu weisen, beschuldigte sie ihre Tochter Paula und Coy Hubbard.

Coy, welcher der Polizei bis dahin völlig unbekannt war, wurde am nächsten Tag noch in der Schule verhaftet.

In der Jugendstrafanstalt legte Paula ein schriftliches Geständnis über ihre eigene Beteiligung ab. Sie gab zu, Sylvia mit dem Polizeigürtel geprügelt und ihr dann so hart ins Gesicht geschlagen zu haben, dass sie sich dabei das eigene Handgelenk brach. Johnny machte ähnliche Geständnisse und erstellte auch eine Liste der anderen Nachbarschaftskinder, die an Sylvias Folter beteiligt waren.

Am 28. Oktober 1965, dem Tag vor Sylvias Beerdigung, verhaftete die Polizei Anna Siscoe und Mike Monroe. Am nächsten Tag verhafteten sie Judy Duke und Randy Lepper.

Was zunächst wie ein Fall von Bandenkriminalität aussah, entwickelte sich schnell zu einem der ungewöhnlichsten Mordfälle, die der Staat je gesehen hatte.

Der Fall erregte bald mediale Aufmerksamkeit, wohl aufgrund der Anzahl der außergewöhnlichen Verdächtigen, die darin verwickelt waren. Im November und Dezember berichtete die Zeitung The Indianapolis Star über die Gerichtsverhandlungen. Gegen die Hauptverdächtigen wurden mehrere Anklagen erhoben. Darunter Mord ersten und zweiten Grades, vorsätzliche und fahrlässige Tötung, Körperverletzung zur sexuellen Befriedigung, Körperverletzung mit Tötungsabsicht, Vergewaltigung, Sodomie und Urkundenfälschung.

Stephanies Anwalt, John R. Hammond, versuchte die gegen sie erhobenen Mordanklagen abzuweisen, blieb aber erfolglos, obwohl das Mädchen zustimmte, gegen die anderen auszusagen.

Wegen Mordes ersten Grades angeklagt wurden: Gertrude (Mrs. Wright) Baniszewski, Paula Marie Baniszewski, Stephanie Kay Baniszewski, John (Johnny) Baniszewski Jr., Coy Hubbard und Richard (Ricky) Dean Hobbs.

In Indiana bedeutete damals eine Verurteilung wegen Mordes ersten Grades, die Todesstrafe.

XVII

Schwere Herzen

GERTRUDES JÜNGSTE KINDER WURDEN IN staatliche Obhut genomen und vorläufig in Pflegefamilien untergebracht. Die anderen Kinder aus der Nachbarschaft, Anna Siscoe, Mike Monroe, Judy Duke und Randy Lepper, wurden aus der Haft entlassen und von allen Anklagen freigesprochen. Aufgrund dessen und anderer Gerichtsverfahren, würde der Mordprozess erst im März 1966 beginnen. Alle Angeklagten wurden gemeinsam vor Gericht gestellt, obwohl sie alle – abgesehen von Ricky und Coy – von verschiedenen Anwälten vertreten wurden.

Richter Saul Rabb führte den Vorsitz in diesem Fall. Mit über zwanzig Jahren auf der Richterbank hatte sich Richter Rabb den Ruf erworben, hart, aber fair zu sein. Da er nicht gewillt war, den Prozess weiter zu verzögern, lehnte er eine Kaution für alle Angeklagten ab.

Mit sechs Angeklagten und fünf Anwälten würde der Prozess von Anfang an schwierig werden. William C. Erbecker, Gertrudes Anwalt, reichte mehrere vorläufige Anträge ein, mit dem Ziel, die Gerichtsverhandlung zu verzögern. Sehr zum Ärger von Richter Rabb.

Forrest Bowman, der sowohl Johnny Baniszewski, als auch Coy Hubbard vertrat, versuchte die Anklage gegen Johnny aufgrund seines Alters aufheben zu lassen. In Indiana galten Kinder unter fünfzehn Jahren als unfähig, zu krimineller Absicht. Für Bowman und seine Mandanten galt dies nicht, da es genügend Beweise gegen das Kind gab. Das Gesetz bot eigentlich nur Kindern im Alter unter sieben Jahren vollen Schutz vor strafrechtlicher Verfolgung.

Die aus der Haft entlassenen Nachbarskinder tauchten nun als Zeugen wieder auf. Randy Lepper gab zu, dass er gesehen hatte, wie Gertrude Sylvia so sehr misshandelte, dass das Mädchen weinte, „… aber keine Tränen aus ihren Augen kamen …". Er erwähnte auch den Vorfall mit der Soda Flasche, was Stephanie dazu veranlasst hatte, Sylvia zu ohrfeigen.

Dr. Charles Ellis, der als Zeuge der Anklage aufgerufen wurde, präsentierte die schematische Darstellung eines menschlichen Oberkörpers, um die Anzahl und Lage der vielen Wunden Sylvias zu veranschaulichen. Er verwendete Farbstifte, um auf dem Diagramm zu zeichnen: Lila stand für Blutergüsse, Rot für Verbrennungen und Schnitte, Grün für „unbestimmte" Abschürfungen und Risse. Als er seine Aussage beendete, stellte das Farbdurcheinander des Schemas eine optische Spiegelung von Sylvias Qualen dar, das dennoch nicht alles repräsentierte, was sie erdulde musste. Ellis hatte während seiner Aussage nicht genug Farben dabei.

Schließlich wurde die Frage gestellt, die alle beschäftigte: Warum wehrte sich Sylvia nicht? Dr. Arthur Kebel meinte, sie müsse zu geschockt, zu schwach gewesen sein, um Widerstand zu leisten oder zu fliehen. Wohin hätte sie auch gehen sollen? Außerdem wussten alle, dass sie Jenny niemals zurücklassen würde.

Was Jenny betraf, so sah sie sich einer Reihe grausamer Fragen von Erbecker gegenüber.

„Sie waren völlig frei, zu gehen und jemandem zu erzählen, was Sie gesehen haben, nicht wahr?", fragte er.

„Ja.", gab Jenny zu.

„Sie hätten den Nachbarn davon erzählen können, wenn Sie gewollt hätten, oder?", fuhr er fort.

„Ich hätte es gekonnt.", sagte sie und begann zu weinen. „Das heißt aber nicht, dass ich sterben wollte."

„Aber Sie haben es nicht getan, oder, Fräulein Likens?"

„Nein.", sagte sie traurig.

Als Nächstes nahm James Nedeff, der Ricky Hobbs vertrat, Jenny ins Kreuzverhör. Er erwähnte, dass nur wenige Tage vor Sylvias Tod John Baniszewski Sr. mit dem Hund gekommen war. „Ihre Schwester litt Qualen, hatte Ihnen gesagt, dass sie im Sterben lag. Sie war krank und sie war im Keller. Warum haben Sie es ihm nicht gesagt?"

Die Anwälte der Angeklagten untersuchten jeden Schritt, den Jenny während ihrer Zeit bei Gertrude gemacht hatte. Wie konnte sie zulassen, dass ihrer eigenen Schwester all das widerfuhr?

Das ist eine Frage, die sich selbst Jahrzehnte später noch, bei diesem Fall stellt. Es scheint keine befriedigende Antwort zu geben.

Jenny war ein verängstigtes kränkliches Kind, gegen eine ganze Truppe von Peinigern.

„Ich habe Ihnen gesagt, warum ich es niemandem erzählt habe. Gertrude sagte mir, wenn ich jemandem etwas erzähle, würde ich die gleiche Behandlung bekommen wie Sylvia."

Die Taktik, die alle Anwälte vor Gericht verwendeten, war der Versuch, die Schuld auf die anderen Angeklagten abzuwälzen. Bemerkenswert war jedoch das beste Argument von William C. Erbecker, Gertrudes Anwalt: Sie sei einfach wahnsinnig.

Eine solche Behauptung zu beweisen, würde jedoch keine leichte Aufgabe sein. Es sah schlecht für Gertrude aus, egal wie er ihre Geschichte drehte und wendete. Entweder hatte sie dieses schreckliche Verbrechen passiv zugelassen - oder schlimmer noch - sie war eine aktive und willige Teilnehmerin, die Anführerin hinter allem, diejenige, die den ersten Schlag ausführte und es dann ihrer Kinderschar in den Kopf setzte, dass dies etwas war, das auch sie tun konnten und sollten.

Das war es, was die meisten Menschen zu denken schienen. Die Nachricht über das Verbrechen hatte sich in der Gegend schnell verbreitet, viele Bürger forderten bereits Gertrudes Kopf. Das war beunruhigend. Das Strafgesetz sollte objektiv sein. Obwohl die öffentliche Meinung das Ergebnis eines Prozesses nicht beeinflussen sollte, saßen die Vorurteile bereits tief. Erbecker war sich bewusst, dass seine Mandantin bereits als Schuldige angesehen wurde, vielleicht aus gutem Grund, aber es war seine Pflicht, sicherzustellen, dass sie trotzdem einen fairen Prozess bekam.

Das Verfahren gegen seine Mandantin konnte schnell aufgebaut werden, als immer mehr Zeugen aussagten. Bei so vielen Angeklagten, die vor Gericht standen, lag es nahe, dass sie sich alle gegenseitig beschuldigen würden, aber er hatte nicht erwartet, dass sie so schnell alle mit dem Finger auf Gertrude zeigen würden.

Erbecker legte als Argument dar:

Gertrude leugnet ihre Beteiligung rundweg. Bestenfalls würde sie zugeben, sowohl Sylvia als auch Jenny gelegentlich zur

Disziplinierung den Hintern versohlt zu haben und dass sie dafür die Erlaubnis des Vaters der Mädchen gehabt hatte. Aber Prügel seien nichts Ungewöhnliches als Mittel zur Erziehung. Die Likens-Mädchen waren wahrscheinlich von ihren eigenen Eltern öfter geschlagen worden, als sie zählen konnten. Sie zähmten trotzdem nicht Sylvias schlechtes Benehmen - und Sylvia war *schlimm*. Das dürfe man nicht vergessen. Ihre problematischen Verhaltensweisen verursachten ihr, Gertrude, eine Menge Stress. Kombiniert mit Armut, schlechter Gesundheit und der Verantwortung für neun Kinder, war das genug, um jeden verrückt zu machen.

Also musste Gertrude verrückt sein. Sie musste es einfach gewesen sein, um ein Verbrechen diesen Ausmaßes zu begehen. Das heißt, *falls* sie es überhaupt getan hatte. Das musste noch über jeden vernünftigen Zweifel hinaus bewiesen werden.

Trotzdem bestätigten einige Zeugen, dass Gertrude rechtlich unzurechnungsfähig war. Zu ihnen gehörte ein örtlicher Psychologe, namens Jerome Joseph Relkin, der für das Beatty Memorial Hospital, einer Einrichtung für kriminell Geisteskranke in Westville, Indiana, arbeitete und speziell von Erbecker engagiert wurde. Relkin ist möglicherweise der interessanteste Zeuge, der bei Gertrude Baniszewskis Verteidigung argumentierte.

Vor seinem Erscheinen vor Gericht hatte Relkin Gertrude etwa drei Stunden lang ausführlich befragt, sie dabei analysiert und mit ihr verschiedene psychologische Tests durchgeführt. Dazu gehörte auch ein „Handtest". Bei diesem Test wurden Gertrude verschiedene Fotos von Händen gezeigt. Sie wurde gebeten zu beschreiben, was die Hände ihrer Meinung nach taten. Die Idee dahinter war, dass Relkin anhand der Antworten ihre Persönlichkeit besser einschätzen konnte. Insbesondere konnte er dadurch feststellen, ob sie eine Person war, die zu Gewalt und Aggression neigte.

Die Einzelheiten des Interviews und der Untersuchungen sind nicht bekannt, obwohl diese anscheinend so intensiv waren, um Gertrude so stark aufzuregen, dass sie zwischen den einzelnen Tests Zeit brauchte, um sich zu beruhigen.

Erbecker fragte, ob diese Untersuchung seine Mandantin deprimiert sein ließ.

„Oh ja!", antwortete Relkin. „Sie brach bei vielen Gelegenheiten in Tränen aus."

Als Nächstes fragte Erbecker, ob Relkin mit diesen Untersuchungen zu einem Schluss gekommen sei.

Der Psychologe antwortete Folgendes: „…sie ist eine passive, abhängige Person. Ich würde sagen, im Allgemeinen nicht psychotisch, hat keine Denkstörung, weiß zwischen Richtig und Falsch zu unterscheiden. Aber nach ihrer gegenwärtigen Persönlichkeit, so wie ich sie sehe, denke ich, ist es sehr konsistent mit der Geschichte darüber, was im Keller passiert ist, dass es wahr ist."

Relkin wurde später gefragt, welche weitere Meinung er sich über die Patientin gebildet hatte. Und was er über Gertrude zu sagen hatte, war alles andere als schmeichelhaft: „…es ist höchst unwahrscheinlich, dass sie raffiniert genug sein könnte, um mich bei dem Test zu täuschen oder gar zu simulieren. Die Testergebnisse stimmten sehr mit den Vernehmungsdaten überein. Sie ist eine sehr passive, abhängige Person, neigt eher als sadistisch, dazu, masochistisch zu sein. Sie hat das Bedürfnis, selbst bestraft zu werden, lässt zu, dass andere sie ausnutzen…"

„Sie erklärte, wie ihr Freund sie schlug… Und sie liebt ihn immer noch, würde ihn wahrscheinlich sogar wieder zurücknehmen, ihn sie wieder verprügeln lassen, wenn er ihr nur ein bisschen Zuneigung geben würde."

Relkin bezog sich damit natürlich auf Dennis Wright Sr., dem Vater von Baby Dennis und den jüngeren Mann, mit dem Gertrude kurz zusammen war, derjenige, der sie so schlug, dass sie eine Fehlgeburt erlitt. Er hatte sich längst von ihr losgesagt und war von der Army irgendwo in Westdeutschland stationiert. Seine Unterhaltszahlungen waren noch sporadischer, als das wenige Geld, das John Sr. schickte. Jeder konnte daran sehen, dass er sie endgültig verlassen hatte. Außer, so schien es, Gertrude selbst.

Erbecker fragte, ob jemand, der so verzweifelt nach jeder Art von Zärtlichkeit sucht, auch grausam genug sein könnte, um ein Kind zu schlagen. Relkin verneinte dies und sagte, dass Gertrude eher diejenige sei, die „von allen herumgeschubst" würde.

Einige von Relkins Kommentaren mögen für den modernen Leser schockierend sein. Er sagte im Wesentlichen, dass Gertrude einfach zu dumm, zu schwach im Geiste und zu sehr Frau war, um Sylvia gefoltert zu haben. Aber das war mehr oder weniger das Ziel, welches Erbecker im Sinn hatte: seine Mandantin als viel zu erbärmlich erscheinen zu lassen, als das sie eine Bedrohung für jemand anderen als sich selbst gewesen wäre.

Selbst wenn sie keine aktive Teilnehmerin an dem Missbrauch gewesen wäre, war sie immer noch die verantwortliche

Erwachsene. Sie hätte in gewisser Weise für jeden Schaden haftbar sein müssen, der einem Kind in ihrer Obhut zugefügt wurde. Und Sylvia war nicht nur verletzt, sondern auch gefoltert und verstümmelt worden. Als Erwachsene und höchste Autorität im Haus, hatte sie nichts unternommen, es zu stoppen. Das geriet auch zu einem Streitpunkt, als Sylvias vermeintliche Tätowierung zur Sprache kam. War Gertrude sich bewusst dabei, was geschah, oder nicht?

Wenn man Marie Baniszewskis Aussage Glauben schenken durfte, unterstützte Gertrude Ricky zu Anfang und war dann fast während der gesamten Brandmarkung anwesend. Als gefragt wurde, was ihre Mutter für den Rest der Zeit tat, antwortete Marie, dass ihre Mutter im Vorderzimmer saß und strickte.

Wie reagierte sie auf das Endergebnis? „Sie sagte, dass es eine ziemlich gute Arbeit ist.", erklärte Marie.

Während früherer Gerichtssitzungen hatte Gertrude fest bestritten, irgendetwas darüber zu wissen. Sie behauptete, dass sie zu der Zeit ziemlich krank war, nicht einmal aus dem Bett aufstehen konnte, da sie sich so sehr von den Medikamenten benebelt fühlte. Wenn Sylvia geschrien oder geweint hatte, war

Gertrude einfach zu benommen, um sie überhaupt gehört zu haben.

Hier ergab sich ein weiteres Problem. Während ihrer Unterhaltung mit Relkin widersprach sich Gertrude. Der Psychologe versuchte zu erklären: „Sie sagte, sie habe von der Schrift gewusst und hätte es eigentlich zu diesem Zeitpunkt der Polizei melden sollen... aber angesichts ihrer Persönlichkeitsstruktur glaube ich, dass sie tatsächlich Angst davor hatte, sie fürchtete, sie würde die Liebe der Kinder verlieren, von der sie so sehr abhängig war."

Gertrude war eine traurige, traurige Frau – aber war sie wahnsinnig?

Letztendlich entschied Relkin, dass sie es nicht war. Aber sie war auch keineswegs geistig gesund:

„...sie äußerte einige Zweifel an der Realität der Situation – in gewisser Weise kann sie nicht glauben, dass dies alles passiert. Angesichts meiner Einschätzung ihres aktuellen Zustandes, würde ich bei ihrer Geschichte akzeptieren, dass sie sich unter dem Stress zu dieser Zeit einfach zurückgezogen hat und nicht die angemessene Autorität ausübte, die sie hätte ausüben sollen. Sie erkennt das."

Erbecker erlaubte Relkin nicht, irgendetwas zu erwähnen, das dem Charakter der Verteidigung widersprechen könnte, den er in diesem Gerichtssaal aufbauen wollte. Als Relkin das Thema des sexuellen Verhaltens der anderen Teenager anspricht – einschließlich angeblicher „Orgien" im Haus – betont Relkin erneut Gertrudes verzweifeltes Bedürfnis nach Liebe: „Dies ist eine Frau, die so sehr nach Aufmerksamkeit und Lob hungerte, dass sie es jedem und allen erlaubte, sie auszunutzen: Männern, ihren eigenen Kindern und der gesamten Familie Likens."

Tatsächlich überträgt Relkin die Schuld auf Lester und Betty Likens. „Es scheint mir, dass Mrs. Baniszewski in keiner Position war, sich um weitere Kinder zu kümmern. Sie hatte mehr als genug mit der Versorgung ihrer eigenen zu tun, selbst mit dem geringen Geldbetrag, der ihr gegeben wurde. Doch es scheint, dass die Likens sie mehr oder weniger dazu gedrängt haben, die beiden Mädchen zusätzlich aufzunehmen. Vielleicht dachte Gertrude Baniszewski, sie könnte Aufmerksamkeit und Zuneigung von diesen neuen Kindern bekommen wenn sie diese aufnahm. Ich weiß es nicht. Sie war sehr labil."

Sylvia bildete während Relkins Aussage kaum mehr als eine Fußnote in Gertrudes erbärmlicher Geschichte. Er behauptete, Gertrudes Version der Ereignisse zu glauben, was ihn eindeutig auf die Seite der Minderheit der öffentlichen Meinung stellte. Er bezweifelte, dass Gertrude überhaupt eine Abneigung gegen das Mädchen hatte. „Sie sagte, Sylvia habe ein Recht zu leben, wie jedes andere Mädchen ...", berichtete er. „Sie fühlte sich schuldig, nicht angemessen gehandelt zu haben. Sie fühlte, wenn sie es getan hätte, hätte es vielleicht Sylvias Tod verhindern können. Zu der Zeit war sie zu überfordert, um etwas dagegen unternehmen zu können, außerdem glaube ich nicht, dass sie damals vollständig erkannte, dass Sylvia sterben würde."

Es überrascht nicht, dass nur sehr wenige Menschen diese letzte Aussage für glaubwürdig hielten. Die Jury würde später zu dem Schluss kommen, dass Gertrude nicht wahnsinnig war. Diese Frau war manisch, grausam und verbittert, aber sie war nicht wahnsinnig. Ihre Misshandlung von Sylvia, grausam kalt und so häufig kalkuliert, bewies dies. Sie plante die Folter und unternahm jetzt nur Schritte, um sich vor den Konsequenzen zu schützen.

Gertrude wurde des Mordes ersten Grades für schuldig befunden. Paula des Mordes zweiten Grades. Beide wurden zu lebenslanger Haft verurteilt. Johnny, Ricky und Coy wurden des Totschlags für schuldig befunden und würden weniger als zwei Jahre in einer staatlichen Besserungsanstalt verbringen. John Hammond, der Stephanie vertrat, konnte die minimale

Beteiligung seiner Mandantin beweisen und erreichte eine Einstellung des Verfahrens gegen sie.

Es war ein Aufsehen erregender Fall, der als einer der bisher schlimmsten in die Geschichte Indianas eingehen sollte.

Vielleicht der einzige Lichtblick in dieser traurigen Geschichte war, als der Prozess endete und die Peiniger endlich weggesperrt wurden, dass Leroy New, der Staatsanwalt des Falls, Jenny informell adoptierte.

Sie verbrachte den Rest ihrer Jugend in News großem Haus und sammelte glückliche Erinnerungen mit seinen eigenen beiden Töchtern. Zum ersten Mal fand Jenny Stabilität, und ihre Zukunft sah vielversprechender aus als je zuvor.

Dennoch lag eine Schwere in ihrem Geist, von der sie wusste, dass sie nie heilen würde. Sie würde die Abwesenheit ihrer Schwester für den Rest ihres Lebens spüren.

„Ich wünschte nur...", würde sie sagen, „dass Sylvia und ich bei netten Leuten wie diesen gelandet wären, anstatt bei Gertrude."

Schlussfolgerung

Der Fall Sylvia Likens ist so traurig, wie er empörend ist. Beim Lesen dieser grausamen Details wird uns immer wieder vor Augen geführt, dass dieses unglückliche, unschuldige Mädchen nicht hätte sterben müssen. Es gab so viele Möglichkeiten, sie zu retten, aber keine wurde genutzt. Warum? Die Antwort auf diese Frage ist kompliziert. Aber die einfachste Antwort ist vielleicht die richtige, dass manche Menschen einfach nur Pech haben.

Tatsächlich waren viele der Beteiligten Menschen, die vom Pech verfolgt wurden. Sie waren arm, ungebildet und von Menschen umgeben, die nicht ihr Bestes im Sinn hatten. Wie sich herausstellte, sollte diese Tragödie die Familie Likens noch lange nach dem Tod ihrer geliebten Tochter und Schwester verfolgen.

Unfähig, damit umzugehen, trennten sich Lester und Betty 1967 endgültig voneinander. Betty starb 1999 im Alter von einundsiebzig Jahren. Jennys Zwillingsbruder Benny starb im selben Jahr im Alter von neunundvierzig Jahren. Er war inzwischen als schizophren in einer Einrichtung isoliert worden und seine Familie erfuhr erst von seinem Tod, als die an ihn adressierte Briefe mit dem Stempel „VERSTORBEN" zurückgeschickt wurden.

Jenny, die weniger als fünf Jahre nach dem Prozess heiratete und zwei Kinder bekam, entwickelte lang anhaltende Angstzustände. In einem Interview mit The Claremont Sun im Jahr 2018, bestätigte Dianna, dass ihre jüngste Schwester nie über die Ereignisse von 1965 hinweggekommen war.

„...manchmal hatte sie Zusammenbrüche. Sie musste für den Rest ihres Lebens Beruhigungsmittel nehmen. Aber ich lebte nicht in ihrer Nähe, da ich in einem anderen Bundesstaat wohnte. Ich weiß, dass sie sehr schlimme Erinnerungen hatte. Die Arme. Sie sprach einfach nicht darüber. Ich schätze, es fiel ihr schwer damit umzugehen. Natürlich verstehe ich, dass es das für jeden wäre."

Jenny starb 2004 im Alter von nur vierundfünfzig Jahren an einem Herzinfarkt.

Lester Cecil Likens starb 2013 im Alter von sechsundachtzig Jahren. Wie Jenny konnte er die Schuldgefühle nie abschütteln, obwohl seine Tochter glaubte, dass er und Betty nur zu vertrauensselig gewesen waren. Das Schicksal von Danny ist ungewiss. Man hörte zuletzt 2004 von ihm.

Die einzige Likens, von der man glaubt, dass sie zum Zeitpunkt dieser Niederschrift noch lebt, ist Dianna, die jetzt Dianna Bedwell heißt. Im Mai 2015 verschwanden sie und ihr Mann Cecil Knutson in einem abgelegenen Gebiet der südkalifornischen Wüste, nachdem sie an einer falschen Abzweigung mit ihrem Fahrzeug liegengeblieben waren. Sie wurden zwei Wochen später gefunden. Diannas Leben hing nur noch am seidenen Faden, ihr Mann war verstorben. Später erzählte sie Reportern, dass sie von Orangen und Regenwasser überlebt hatte.

Ricky Hobbs starb jung. Weniger als vier Jahre nach seiner Entlassung aus dem Indiana Reformatory, im Jahr 1968, hatte sich in ihm eine aggressive Form von Lungenkrebs entwickelt, angeblich litt er auch an einer nicht näher bezeichneten psychischen Erkrankung. Er starb am 2. Januar 1972 im Alter von einundzwanzig Jahren.

Coy Hubbard, der ebenfalls 1968 entlassen wurde, blieb im Bundesstaat, aber wandte sich einem Leben in Kriminalität zu. 1977 wurde er wegen des Mordes an zwei Männern angeklagt, aber letztendlich freigesprochen. Er starb 2007 im Alter von sechsundfünfzig Jahren.

Johnny änderte seinen Namen in John Blake und wurde Pastor und Kinderberater. Er starb 2005 im Alter von zweiundfünfzig Jahren.

Stephanie Baniszewski war das einzige von Gertrudes älteren Kindern, das einer Inhaftierung entging. Nachdem sich der Staub des Prozesses gelegt hatte, änderte sie ihren Namen und setzte ihre Ausbildung fort. Schließlich wurde sie Lehrerin in einem anderen Bundesstaat.

Später, in einer umstrittenen Entscheidung, hob der Oberste Gerichtshof von Indiana sowohl Gertrudes als auch Paulas Verurteilungen auf - mit der Begründung, dass die damalige negative Publicity um den Fall es unmöglich gemacht hätte, dass Mutter und Tochter zu dieser Zeit einen fairen Prozess bekommen konnten. 1971 bekannte sich Paula freiwillig des Totschlags für schuldig und wurde zu zwei bis zwanzig Jahren Haft für ihre Rolle bei Sylvias Tod verurteilt. Unglaublich, dass

Paula trotz zweier Fluchtversuche aus dem Gefängnis im Jahr 1972 auf Bewährung entlassen wurde. Sie heiratete, änderte ihren Namen in Paula Pace und zog nach Iowa.

1998 wurde sie von einem Schulbezirk in der Stadt Conrad eingestellt. Sie begann als Hausmeisterin, wurde aber später Lehrerassistentin. Sie arbeitete mit Schülern mit besonderen Bedürfnissen und war, soweit es jeder in ihrem neuen Leben wusste, normal, fleißig und freundlich. Dieses Fassade von ihr wurde 2012 zerstört, als ein anonymer Facebook-Nutzer die Einwohner von Conrad, sowie die Polizei informierte. Sie wurde bald darauf entlassen, als dem Schulausschuss klar wurde, dass sie in ihrer Bewerbung gelogen hatte.

Dann ist da noch Gertrude.

Nach dem Wiederaufnahmeverfahren 1971, wurde Gertrude Baniszewski erneut wegen Mordes ersten Grades verurteilt. Sie verbrachte die nächsten vierzehn Jahre im Indiana Women's Prison. Es hieß, sie sei eine vorbildliche Gefangene gewesen, habe als Näherin in der Gefängniswerkstatt gearbeitet und sei eine wiedergeborene Christin gewesen. Andere Insassen, besonders die jüngeren unter ihnen, mochten sie und nannten sie „Mom". Als die Frage aufkam, ob Gertrude jemals auf Bewährung entlassen werden sollte, wurden ihre Gefängnisfreunde zu einigen ihrer lautstärksten Unterstützer, da sie glaubten, dass sie sich wirklich geändert hatte.

Trotz öffentlicher Proteste, (einschließlich einer Petition, sie lebenslang im Gefängnis zu behalten, die über vierzigtausend Unterschriften erhielt) wurde Gertrude 1985 schließlich auf Bewährung entlassen. Sie änderte ihren Namen in Nadine Van Fossan und zog bei Paulas Familie in Iowa ein. Sie spielte ihre Beteiligung am Tod von Sylvia Likens bis zu ihrem eigenen Tod durch Lungenkrebs, im Jahr 1990, weiterhin herunter. Sie wurde einundsechzig Jahre alt.

Die Nachricht von ihrem Tod wurde in einem Zeitungsnachruf bekannt, den Jenny zufällig las. Sie schnitt ihn aus und schickte den Abschnitt mit einer beigefügten Notiz an ihre Mutter: „Gute Nachrichten. Die verdammte alte Gertrude ist gestorben. Ha ha ha! Ich freue mich darüber."

Der Mord an Sylvia Likens verfolgt den amerikanischen Mittleren Westen weiterhin. Die Tragödie und ihre Nachwirkungen, sind nach wie vor Gegenstand von Diskussionen über Verbrechen und Gerechtigkeit. Was machen wir mit solchen Menschen in unserer Mitte?

Gertrude, die Anführerin von allem, war unbestreitbar eine unglückliche Frau. In jedem Fall verwirrte sie alle. Sie war eine Frau ohne Vorgeschichte gewalttätigen Verhaltens, die zu einer sadistischen Foltermörderin wurde. Wie konnte das passieren?

Irgendwie fühlt sich die Vorstellung, dass sie einfach nur eifersüchtig und hasserfüllt war, unbefriedigend an. Nicht nur das, es beunruhigt uns. Wie viele Gertrude Baniszewskis laufen heute unter uns herum, wobei das Einzige, was sie vom Bösen trennt, ein winziger Grad an Macht ist?

Wir können nur aus den Fehlern der Vergangenheit lernen.

Gefällt Ihnen dieses Buch? Sie können einen großen Unterschied machen

True Crime Seven besteht aus einer Gruppe von True-Crime-Enthusiasten, die es lieben, die dunkle Seite der Welt zu erkunden. Für uns sind Rezensionen das wirkungsvollste Instrument in unserem Arsenal, wenn es darum geht, Aufmerksamkeit für unsere Bücher zu gewinnen.

Während wir vielleicht nicht die finanziellen Mittel für eine ganzseitige Anzeige in einer Zeitung oder Plakate in der U-Bahn haben, haben wir eine engagierte und treue Gruppe von Lesern, die es ebenfalls lieben, die dunklere Seite dieser Welt zu erkunden.

Ehrliche Rezensionen unserer Bücher helfen dabei, die Aufmerksamkeit anderer Leser zu gewinnen.

Wenn Ihnen dieses Buch gefallen hat, wären wir Ihnen sehr dankbar, wenn Sie sich nur fünf Minuten Zeit nehmen könnten, um eine Rezension zu hinterlassen (sie kann so kurz sein, wie Sie möchten).

Über True Crime Seven Books

True Crime Seven Books beschäftigt sich mit der Erforschung der Geschichten hinter all den mörderischen Köpfen dieser Welt. Von unbekannten Mördern bis hin zu berüchtigten Serienmördern.

Unsere Autoren kommen aus allen Gesellschaftsschichten, haben aber eines gemeinsam: Sie sind alle True-Crime-Enthusiasten. Mehr über sie erfahren Sie hier:

Ryan Becker ist ein True-Crime-Autor, der Ende 2016 seine Schriftstellerkarriere begann. Wie die meisten von Ihnen erforscht er gerne den Prozess, wie Menschen ihre dunkelsten Fantasien in die Realität umsetzen. Ryan hatte schon immer eine Leidenschaft fürs Geschichtenerzählen. Das Schreiben ist für ihn daher der beste Weg, seine Faszination für Psychologie und True Crime zu vereinen. Es ist Ryans Ziel, dass seine Leser die dunkle Realität der Welt genauso intensiv erleben, wie er es in seinen jüngeren Jahren tat.

Nancy Alyssa Veysey ist Autorin von True-Crime-Büchern, darunter der Bestseller Mary Flora Bell: The Horrific True Story Behind an Innocent Girl Serial Killer. Ihr Medizinstudium und ihre Arbeit im Bereich der forensischen Psychologie, zusammen mit ihrem Aufbaustudium in Strafrecht, Kriminologie und Jura, ermöglichen es ihr, eine einzigartige Perspektive in ihre Werke einzubringen.

Kurtis-Giles Veysey ist ein junger Autor, der seine Schriftstellerkarriere im Fantasy-Genre begann. Ende 2018 übertrug er seine Liebe und Kenntnisse der Geschichte auf das Schreiben von Non-Fiction-Berichten über True-Crime-Geschichten vergangener Jahrhunderte. Aus historischer Perspektive erzählt, erweckt Kurtis-Giles diese Opfer und ihre Mörder durch lebendige Beschreibungen dieser abscheulichen Verbrechen wieder zum Leben.

Kelly Gaines ist eine Autorin aus Philadelphia. Ihre Leidenschaft fürs Geschichtenerzählen begann in der Kindheit und setzte sich in ihrer Collegezeit fort. Sie erhielt 2016 einen B.A. in Englisch von der Saint Joseph's University mit Schwerpunkt auf Schreibstudien. Im echten Leben interessiert sich Kelly für Comics, Geschichtsdokumentationen und gute Gruselgeschichten. In ihrer True-Crime-Arbeit konzentriert sich Kelly auf die Motivation der Mörder und die Hintergründe der Opfer, um ein vollständigeres Bild jeder Person zu zeichnen. Sie schreibt mit großer Freude für True Crime Seven und freut sich darauf, den Lesern weitere erschauernde Geschichten zu präsentieren.

James Parker, Pseudonym eines jungen Autors aus New Jersey, begann seine Schriftstellerkarriere mit dem Schreiben von Theaterstücken. Er war schon immer fasziniert von der Psychologie von Mördern und welche Rolle die Medien bei ihrer Entstehung spielen könnten. James liebt es, in seinem Schreiben ständig neue Stile und Ideen auszuprobieren, um eines Tages etwas Besonderes und Einzigartiges für sich zu finden.

Brenda Brown ist Autorin und Illustratorin-Cartoonistin. Ihre Kunst findet sich in Büchern, die national und international vertrieben werden. Sie hat auch viele Bücher im Zusammenhang mit ihrem Hochschulabschluss in Psychologie und ihrem Nebenfach Geschichte geschrieben. Wie viele True-Crime-Enthusiasten erforscht sie gerne die Gedankenwelt derjenigen, die die Welt als Spielplatz betrachten, um ihre dunklere Seite auszuleben – jene Seite, die Menschen normalerweise verschließen und vor kritischen Blicken verbergen.

Genoveva Ortiz ist eine in Los Angeles ansässige Autorin, die ihre Karriere bereits während des Studiums mit dem Schreiben von Gruselgeschichten begann. Nach ihrem B.A. in Englisch im Jahr 2018 verlagerte sie ihren Fokus auf Non-Fiction und die realen Schrecken von Verbrechen und ungelösten Mysterien. Gemeinsam mit True Crime Seven freut sie sich darauf, die Welt des True Crime aus einer sozialkritischen Perspektive weiter zu erforschen.

Printed in Germany
by Amazon Distribution
GmbH, Leipzig